中学生体能课堂教学训练

黄　敏　编著

合肥工業大學出版社

前　言

习近平总书记在全国教育大会上指出："培养什么人，是教育的首要问题。""我们的教育必须把培养社会主义建设者和接班人作为根本任务。""要树立健康第一的教育理念，开齐开足体育课，帮助学生在体育锻炼中享受乐趣、增强体质、健全人格、锤炼意志。"

现代社会需要的是德智体美劳全面发展的人才，而中学生正处在成长发育的关键时期，因此，贯彻习近平总书记在全国教育大会上的重要讲话精神，切实做好中学生的体能训练，既是学生自身强身健体的需要，更是学校培养德智体美劳全面发展的社会主义建设者和接班人的需要。为此，我们组织编写了本书。

该书根据《普通高中体育与健康课程标准（2017 年版）》的要求，遵循青少年体能发展全面性、阶段性、多样性的原则，结合中学生生理、心理和生长发育的特点进行编写。主要内容包括：为提高学生身体素质，特别是提高学生心肺和肌肉耐力以及柔韧性、灵敏性、平衡性、协调性，安排了高中学生身体知、测试知、评价知、提高知、游戏知五个章节，帮助学生从生理、心理的角度学习各个知识点，同时对中学生的身体素质水平和等级进行测试和评价；书中安排了不同阶段、不同层次和不同难度的练习方法，供学生练习；同时列举了在体育与健康课堂上有针对性的实用游戏，便于组织学生进行体系化的体能训练。通过学习，可帮助学生了解体能锻炼的原理和方法，并能够依据训练程序和方法制订自己的体能锻炼计划，有效控制体重和改善体形，促进中学生健康成长。

本书由黄敏编著，参加材料整理的有：王晓光、宋之伟、潘明、方燕、何小鹏、孙佑明、尹冲琳、张君、陈军、朱金金和丁亚慧。

鉴于作者水平有限，书中难免存在不妥之处，敬请广大读者批评指正。

作　者

2020 年 3 月

目　录

第一章　体能的基本知识

一、体能的概念

（一）国内对体能概念的理解

“体能”是20世纪80年代中后期在各类体育报刊和文献上开始频繁出现的一个词语，其概念已经广泛应用于全民健身、运动训练和学校体育之中。

在竞技体育视角下，讨论体能概念时常会强调运动员体能的重要独特性。如在运动训练学教材中指出：体能是通过力量、速度、耐力、协调、柔韧、灵敏等运动素质，表现出来的人体基本运动能力，也是运动员竞技能力重要的组成部分；在体能训练理论与实践教材中指出：体能是指人体的基本活动能力，是人体各器官系统的功能在运动中的综合反映；在竞技运动中体能被表述为完成高水平竞技所需要的专项力量体系及其相关的运动素质的综合。

在《中国大百科全书》（第二版）中，对体能的解释是：“指人体各器官系统的机能在肌肉活动中表现出来的能力，它包括身体素质（力量、速度、灵敏、柔韧、耐力等）和身体基本活动能力（走、跑、跳、投掷、攀登、爬越、举起重物等）。”国内的相关教材也都采用了类似表述。体能课程标准中的体能概念，在国际上对应的术语通常是“physical fitness”，这一术语常常翻译为“体适能”。

（二）国外对体能概念的理解

自从20世纪50年代美国健康体育休闲与舞蹈联盟（American Alliance for Health Physical Education，Recreation and Dance，简称AAHPERD）开始使用“体能”这一术语，人们对于它的认识不断发展，并从不同的角度提出了不同的定义。其中一种定义是：人们先天具有或后天获得的与进行身体活动的能力有关的一系列特性。还有的将体能定义为一种保持精力充沛地完成日常工作、学习状态的能力。总之，体能这一概念也在不断地得以完善，并且主要是指向促进体育锻炼和增进健康，其目的是引导人们通过娱乐休闲活动和有针对性、积极的体育锻炼来增进健康，更好地生活和工作。

此外，“physical conditioning”一词也常常被翻译为体能，例如National Strength & Conditioning Association（NSCA）就被称为美国国家体能协会，这一术语大多应用于运动训练和专业健身等领域，可对应为前文提到的竞技运动中的体能。然而运动训练和专业健身等领域经过适当的调整，降低难度和要求，作为发展体能的某些手段和方法，也可以用于促进普通人群包括学生的健康成长。

（三）学校体育中体能的概念

在学校体育中，“体能”这一概念在2000年之前的体育（与健康）教学大纲中并没有被采用，而是采用了“身体素质”的概念。2000年《体育与健康教学大纲》指出，发展身体素质练习“是全面发展身体素质、锻炼身体、增强体能的有效内容……教师通过课课练等行之有效的方法在教学中可自行选择素质练习的内容，并应结合各项教学内容，针对学生的具体情况和需求，全面安排和选择相应的内容进行教学”。

在2001年的《体育与健康课程标准》（2001年实验本）中首次将“增强体能”作为体育与健康课程的目标之一，并指出：“学生的身体健康水平与其体能状况紧密相关。”在课程标准中将体能定义为：“指人体各器官系统的机能在身体活动中表现出来的能力。”这一定义与《中国大百科全书》（第一版）中关于体能的定义相类似，与课程标准中的体育与健康课程的定义相一致，主要是将“肌肉活动”改成了“身体活动”。但是对于体能的具体内容，则有了明显的变化。课程标准指出：体能包括与健康有关的体能和与运动技能有关的体能。体能包括心肺耐力、柔韧性、肌肉力量、肌肉耐力、身体成分等，技能包括从事运动所需要的速度、爆发力（注：在2001版课标中使用了“力量”这一术语，而不是“爆发力”，但在2017版课标中进行了修改。在大多数科学研究的论文中使用的都是后者）、灵敏性、协调性、平衡、反应等。同时还指出：一些体能成分既是与健康相关的体能，又是提高运动技能所需要的体能。在2003版高中体育与健康课程标准中，还特别强调“体能是体质的重要组成部分”。对于体能的这一系列观点基本沿用至今，课程标准没有太大的变化。

在《普通高中体育与健康课程标准（2017年版）》中定义体能是指人体各器官系统的机能在身体活动中表现出来的能力，是体质的重要组成部分。体能主要包括身体成分、心肺耐力、柔韧性、肌肉力量和肌肉耐力、灵敏性、平衡、协调性、爆发力、速度、反应时等。其中，与健康有关的体能如心肺耐力、肌肉力量和肌肉耐力、柔韧性、身体成分等与人的健康密切相关，是维持基本生命活动和增加健康的基础；与动作技能相关的体能如灵敏性、平衡、协调性、爆发力、速度、反应时等与动作机能密切相关，对于提高运动水平非常重要。

从以上分析可以看出，体能概念具有多维度和综合性的特点。所谓综合性，不仅是先天遗传性和后天获得性的综合，还兼有促进健康和提高运动表现的作用。体能发展受多种因素制约，科学地进行体育锻炼是提高和发展体能的关键因素。良好的体能对于中学生提高学习效率，保持健康，掌握和发展运动技能，参与体育竞赛、休闲活动和积极有活力的生活都具有重要意义。

习近平总书记在全国教育大会上指出：“要树立健康第一的教育理念，开齐开足体育课，帮助学生在体育锻炼中享受乐趣、增强体质、健全人格、锤炼意志。”在目前学生体质健康水平有待进一步提高的背景下，发展体能作为增强体质的关键因素应当得到更加重视。

二、中学生体能发展

体能发展既是学习和掌握运动技能的重要基础，又有助于提高学生的健康水平。在新课程标准中，提出中学生体能包括体能发展的基本原理与方法、体能锻炼计划制订的程序与方法、测量和评价体能水平的方法、有效控制体重与改善体形的方法等内容。

1. 了解体能发展的主要方法和基本原理；掌握并运用测试与评价体能水平的科学方法，如用心率测试和评价运动强度，用《国家学生体质健康标准》评价体能水平；掌握体能锻炼计划制订的程序与方法，学会根据自身情况确定锻炼方式、频率、强度和持续时间等；运用科学方法评价体能锻炼效果，并及时改进体能锻炼计划等。

2. 掌握并运用改善身体成分的基本原理和多种练习方法，如控制体重，合理饮食，改善体形，科学安排锻炼的时间、频率和强度等。

3. 掌握并运用发展心肺耐力的多种练习方法及基本原理，如耐力跑、有氧健身操、跳绳、游泳、长距离骑行自行车和登山等。

4. 掌握并运用发展上肢、下肢、肩部、腰腹和躯干柔韧性的多种练习方法和基本原理，如压腿、坐位体前屈、静态拉伸和动态拉伸等。

5. 掌握并运用发展肌肉力量和肌肉耐力的多种练习方法和基本原理，如俯卧撑、仰卧起坐、单杠引体向上、双杠臂屈伸、举重物和拉力器弯举等。

6. 掌握并运用发展灵敏性的多种练习方法和基本原理，如“十”字象限跳、“Z”字形跑、六边形跳、变向跑、折返跑、“8”字绕环跑和移动躲闪等。

7. 掌握并运用发展平衡能力的多种练习方法和基本原理。如单腿站立、燕式平衡和平衡站立等静态平衡练习，双腿提踵下蹲、悬吊练习、原地跳单脚落地、单腿或双腿下蹲、双足脚跟或双足脚尖走、弓步侧转体或弓步向后旋转等动态平衡练习。

8. 掌握并运用发展协调性的多种练习方法和基本原理，包括跳绳、跨步跳、踢毽、单足跳、后退跑、交叉步跑、钻栏架和跳栏架等。

9. 掌握并运用发展爆发力的多种练习方法和基本原理，爆发力是指在最短时间内，以最大的加速度克服一定阻力的能力。如运用蛙跳、快速推举重物等发展爆发力，运用负重抗阻力练习法。如重复练习法、阶梯式极限用力法、静力练习法等发展最大力量。

10. 掌握并运用发展速度的多种练习方法和基本原理，如后蹬跑、小步跑、加速跑、牵引跑、上坡跑接下坡跑等。

11. 掌握并运用发展反应时的多种练习方法和基本原理，如固定信号源单一信号练习、固定信号源选择信号练习、移动信号源单一信号练习、移动信号源选择信号练习等信号刺激练习法，根据口令快速变换动作练习，两人一组相互模仿对方动作的练习；篮球、足球、排球中两人一组的对抗练习等。

三、中学生体育课堂中的体能练习

（一）中学生课堂体能练习的运动负荷

既然是体育课，就要遵循课程的规定和要求。需要说明的是，健康体能课是以教学为主的课，因此，在运动负荷的控制方面，不能与竞技运动训练等同。依照中华人民共和国卫生行业标准《中小学生体育锻炼运动负荷卫生标准》（WS/T101—1998）要求，课程的基本部分时间应为 20 ~ 30 分钟，其靶心率适宜的范围不得低于 120 次/分钟，最高不能超过 200 次/分钟。在健康体能教学过程中，由于动作并不复杂，技能性难度低，建议学练结合。教师的教，也要尽量避免静态的示范与指导。基本部分的平均运动负荷以心率衡量，应当在最大强度心率的 60% ~70% 。当然，静态的、局部的练习，并不需要遵循这个负荷要求。体育课的密度，是一个有争议的课题。依据健康体能课的特点，建议练习密度在 50% 以上。

学生群体由于存在个体的差异，在健康体能课上不但要教会学生体能练习的方法，还要引导学生在课堂统一练习的过程中根据自身的能力完成不同负荷的练习。如核心力量练习中的平板支撑（如图 1 - 1、图 1 - 2），坚持的时间，从初级（30 秒）、中级（1 ~2 分钟）到高级（5 分钟以上），可以利用不同的练习难度、不同的练习组数、间歇时间来调整运动负荷。

图 1 - 1

图 1 - 2

健康体能课是新的课堂教学形式，根据学生体能发展特点和学生自身发育情况设计有针对性的课程。这种教学形式以往之所以难以实现，是因为没有技术支持。因此，在学校条件允许的情况下借助有技术支撑的评价手段，及时给教师、学生以学习反馈，以评价来促进学生学习，在课堂上提供实时监测数据，这个过程本身将成为体育课的一部分。高科技手段的应用，将真正体现评价过程即学习过程的教育思想，使课程效果更加直观，课程内容更加科学、丰富。课堂上健康体能练习方法的学习是一个方面，练习过程的有效性又是另一个教学的重点，要保证每个动作练习 15 ~20 次，练习之间至少间歇60 秒，重复3 ~5 组；运动负荷通过监测做到因人制宜，在一定的运动负荷下保证每名学生都能持续锻炼。课程练习过程中需要注意规范学生动作、控制练习间歇、保证肢体平衡等。

（二）学生课堂体能练习的内容实施

在进行课堂体能练习的整体规划与单元设计基础上，依据教学操作模式与身体练习体验理论进行教学实施，通过师生共建的体能教学课堂，使学生的体能练习保持可持续性发展，学生会形成积极的体能练习体验。

1. 用练习行为规范体能发展的动作

发展体能的学习活动主要是以身体练习为主要手段，并结合营养卫生、生活制度、自然力（空气、阳光和水）和心态调适等。这些发展体能的手段都要依赖于身体运动，而身体运动是以身体动作为基础的，因此，在体能教学中，要用身体练习行为规范与体能发展相关的身体动作。

（1）形成体能课堂教学常规。体能的教学与其他的教学有一定的区别，因此需要制订相应的体能课堂教学常规。

（2）体能练习时规范身体动作技能。发展性的体能练习，既有单个的身体动作，如，俯卧撑；也有由多个单个动作按一定逻辑关系所组成的动作技能，如跨越障碍。在体能的教学中需要对这些身体动作、动作技能等进行规范。

2. 用运动认知丰富体能发展的知识

关于体能训练的学习不但包括身体动作、技术技能的学习，也有发展体能的锻炼身体方法及与之相关的营养卫生知识，因此，需要用运动认知丰富体能发展的相关知识。

（1）身体动作基本要领的感知。学生通过听讲解、看示范进行感知，并通过自身的身体练习体验，充分感知发展体能所需要的身体动作的基本要领。

（2）动作技能联结方式的创建。发展体能的练习是由不同的动作技能组成，如何进行合理的联结才能保障发展体能的练习有效，需要学生利用已掌握的知识、技能和方法，创建动作技能的联结方式。

3. 拓展体能发展运用心理感受方法

学生体能的学习过程既有课外的拓展练习，也有课内的学习，只有让学生对体能学习的内容形成积极的身体练习体验，才能内化到学生的技能中。

（1）引导学生主动感受“先苦后甜”。发展体能的练习需要克服生理和心理、自然环境、场地与器材等困难，需要让学生主动地感受发展体能练习中的“苦”，如耐久跑的“极点”现象，之后再感受成功之后的“甜”。

（2）在教学情境中体验成功学习。学生的体能学习与练习，只有与所获得的实际效果相连，让学生看到实际效果，会对学生的学习生活形成积极的影响，让学生有成功的感受，从而进一步认知与理解体能练习的意义。

附：青少年健康体能 105 式

从实际应用的角度出发，给体育教师提供教学内容，即具体的教材。依照柔韧、灵敏、协调、平衡、速度、力量、耐力（肌肉耐力和心肺耐力）等身体素质分类的内在逻辑，结合健康体能练习设计的顺序，构建 105 个基础动作组成的青少年健康体能 105 供参考，详见表 1－1。

表 1-1　青少年健康体能 105 式

类别	发展能力	A 级难度	B 级难度	C 级难度
神经肌肉激活	灵敏、柔韧、速度	半蹲侧向走	侧向开胯	侧向蹲跳
		提膝踏步	垫步抬腿跳	原地半高抬腿
		后交叉弓步下蹲	上下交叉跳	异侧触脚侧向跳
		弹簧跳	开合跳	波比式跳
		前后摸脚尖跳	听口令米字跳	算数前后跑
		平举振臂	站立出拳	半蹲举臂
		滑雪式左右跳跃	站姿屈膝转体	交叉步
基本练习部分	速度、力量、平衡、灵敏、协调、心肺耐力、肌肉耐力	侧向支撑	平板支撑式接抬腿	平板式交替撑地
		髋部上提	侧板式接提膝	侧边单肘平衡式抬腿
		四肢仰卧支撑	臀桥式与抬腿	髋部上提踏步
		船式到半船式	螃蟹式伸展	螃蟹式碰脚尖
		直摆腿训练	仰卧卷体屈伸	滚动健身球
		单腿竖立式	直膝十字交叉起	钟摆式摆腿
		坐姿剪式踢腿	仰卧直臂高抬腿	举腿踏车
		上犬式	侧躺抬腿	侧卧单腿划圈
		自重深蹲	肩胛夹缩	飞翔式肩部推举
		蹲跳	分腿下蹲	单脚下蹲
		象限跳	下蹲接 X 跳	屈膝跳跃伸臂
		抱提膝	侧向跳接波比式跳	侧向蹲跳加 180°转体
		上举单脚站	原地跨栏步	单腿平衡足尖伸展
		单脚站立	单腿手前伸	单腿站立双臂伸展前倾
		原地手慢脚快跑	闭眼单脚站立	闭眼燕式平衡
		脚步快速开合	快速前后一步移动	前冲接向后碎步跑
		手触地往返跑	双臂摆动分腿跳跃	交替式分腿剪向后跳
		触碰脚尖深蹲接举手站立	侧向交替换边	向后碎步跑
		两脚交替登山	缓冲式落地下蹲	下落屈蹲
		原地手臂伸展爬	撑地异侧扭转	换向交替伏地跳
		海豚式俯卧撑	熊爬式	爬行前进
		俯卧撑	俯撑 180°转体	俯卧撑推掌
		台阶跳练习	鳄鱼式俯卧撑	瑜伽式俯卧撑
		平板支撑	YOYO 跑练习	莱格尔跑练习
拉伸	柔韧	股四头肌伸展	跪姿四头肌伸展	士兵抬腿伸臂式
		弓步屈肘拉伸	跑者弓步	全身拉伸
		反向弓步伸展	腿部拉伸	臀部伸展
		三角前弯拉伸	四头肌伸展	下犬式接小腿伸展

注：A 级难度为初级难度，B 级难度为中级难度，C 级难度为高级难度。

第二章　中学生健康

钟南山院士认为，跑步（如图 2-1）是提升上班族和青少年身体素质及抵抗力的最佳方法之一。现在很多年轻人，由于未养成正确的生活方式，导致身体出现各种疾病和器官加快衰老等现象。

图 2-1

一、健康的概念

美国思想家爱默生曾说“健康是人生的第一财富”，法国思想家伏尔泰曾说“生命在于运动”，他们都认为健康是人类生存发展的基本要素，也是人生中最宝贵的财富，人的一切生命活动都以健康作为载体。那么，什么是健康？

1948 年，联合国世界卫生组织明确指出：健康不仅仅是身体无疾病，而是身体健康、心理健康和社会适应三者的完美状态。即健康的人要有强壮的体魄和良好的精神状态，并能与其所处的社会及自然环境保持协调的关系（如图 2-2）。

图 2-2

1989 年，世界卫生组织顺应时代变化，进一步完善了健康的定义，“健康不仅仅是身体无疾病，而是身体健康、心理健康、社会适应和道德健康的完美状态”，这里首次提出“道德健康”。只有具备这四个方面，并朝着积极方向发展，才是一个健康的人。

二、健康的四大基石

1. 健康的四大基石的由来

1992 年 5 月 29 日，在澳大利亚举行的第一届国际心脏健康会议上，世界卫生组织发表了《维多利亚宣言》，该宣言提出合理膳食、适量运动、戒烟戒酒和心理平衡是健康的四大基石。如果一个人失去健康，那么，他原来所拥有的、正在创造和即将拥有的统统为零！

2. 中学生健康的四大基石

那么，对于中学生来说，应该要树立怎样的“健康的四大基石”的观念？本书认为，中学生应具备合理膳食、适量运动、规律生活和心理平衡的四大基石。具体内容如下。

（1）合理膳食，是指多样、平衡、丰富和合理的营养膳食。以谷类为主，荤素搭配均衡，多吃蔬菜和水果，每天补充适当奶制品和豆制品，满足人体活动时营养的基本需求，促进身体健康发展。

（2）适量运动，是指根据自身的身体状况，选择合适的运动负荷，以达到锻炼身体、增进健康的目的。运动内容一般以有氧运动为主，如快走、慢跑、骑自行车和游泳等。运动负荷提升，要持之以恒、循序渐进。中学生应每天锻炼至少 1 小时，连续锻炼不宜超过 2 小时。过量运动，将会损害健康，甚至危及生命。

（3）规律生活，是指按时作息和良好的生活习惯。人们的规律生活不仅仅包括按时进餐、学习和工作，也包括忌烟忌酒。对于中学生来说，还需要保证每天充足的睡眠，合理安排好使用手机和计算机的时间。对于睡眠时间的要求，初中生每天睡眠时间为 8~9 小时、高中生为 7~8 小时。

（4）心理平衡，是指一种朝着正确的方向发展的良好心理状态。具体表现为悦纳自己，有愉悦的情绪和较好的安全感，接纳别人，保持良好与和谐的人际关系，适应社会能力强，能快速融入新环境。

三、什么是亚健康

健康与疾病间无明显分界线，病理性缺陷或功能不全可能一直潜伏在人体中，而体外特征却无任何迹象。如果一个人虽然表面上看是健康的，而身体实质上已经存在症状或疾病，这就是亚健康。早期，医学专家将健康分为三类状态，第一状态是健康，第二状态是疾病，第三状态为亚健康。由于亚健康是介于健康与疾病间的中间状态，故作为“第三状态”或“中间状态”。

图 2－3

亚健康（如图 2－3）是指人体虽无明显疾病，却呈现出身体素质和适应新环境能力降低、抗挫折能力差的一种不良状态。出现亚健康的原因往往是人体不同系统的生理功能和代谢过程太弱。根据健康概念的三维观，可以将高中生的亚健康分为身体的亚健康、心理的亚健康和社会适应的亚健康。

1. 身体的亚健康

身体的亚健康是指身体在较长一段时间内，时常处于四肢无力、嗜睡和乏力等疲劳状态，具体症状如下。

（1）睡眠异常：如失眠、梦游、入睡困难、梦呓、易醒或早醒、醒后难以入睡。

（2）肌肉关节疼痛：如四肢无力、腰酸背痛、膝关节和肩关节疼痛。

（3）抵抗力差：易受季节性和周围环境的影响，从而感染疾病。

（4）代谢紊乱：代谢是人体内为了维持生理需求，而发生的一系列化学反应的总称。代谢紊乱，包括消化系统、泌尿系统和生殖系统等方面的紊乱。

上述内容反映了身体的亚健康会对睡眠、肌肉关节、抵抗力和代谢等产生影响，长期处于此状态下将会危及学生的身体健康，导致最终出现疾病，甚至发生猝死。因此，中学生应做好体育锻炼与刻苦学习的均衡发展。

2. 心理的亚健康

中学生需要面对日趋激烈的中考和高考，由于绝大部分中学生认为考上大学是走向成功的重要门槛，导致学习节奏逐步加快，学生间竞争激烈，矛盾和冲突时有发生，使一些中学生承受极大的心理压力。少数中学生已经出现心理的亚健康状态，主要表现有以下几种。

（1）焦虑。焦虑是指中学生对于自身或亲友的生命安全、未来生活和机遇过分担忧，而产生紧张、忧虑、易怒、恐慌、烦躁和不安等心理状态。表现为睡眠异常、惊恐障碍和焦虑障碍等症状，也有因躯体不适而产生疑病和忧郁。

（2）抑郁。抑郁是指人负面情绪情感激增、思维迟缓、沉默寡言、忧心忡忡、贬低自我才能、高估困难、情绪低沉、无精打采，还伴随着失眠、食欲不振、记忆力和体重下降等，严重者甚至产生自杀的念头。

（3）情感缺失。情感缺失一般发生在不和谐的家庭环境中或出现重大感情危机时，对外界刺激缺失正确的情感反应、对亲友和事物无动于衷、面部表情呆板、沉默寡言、缺少责任心、缺乏同情心的心理状态。表现为情感失落、冷漠、无望、无助、孤独、空虚、轻率以及早恋等。

（4）其他。社恐、妒忌和被迫害妄想症等心理的亚健康状态。

为更好地呵护中学生健康，预防中学生出现心理亚健康状态，应时刻关心中学生的心理健康，及时沟通，及时疏导，这样才能使他们提高学习效率，提升学习质量和生活。

3. 社会适应的亚健康

随着对核心素养要求的进一步提高，学生的能力培养越来越重要，课外拓展活动逐渐多样化，学校纷纷营造团队合作和竞争的学习氛围。中学生需要具备良好的社会适应能力，正确的处理自身与同学、教师的关系。

亚健康一般发生在家庭教育的缺失和个人心理发育不健全的情况下。这些中学生，社会适应能力差，一旦离开家庭和学校，难以适应新的生活环境，在人际关系中，举步维艰，甚至无法独立自主地生活，从而阻碍了信息交流、共同进步，导致自身的情绪低落、苦闷和烦恼。

因此，亚健康不仅影响中学生的为人处世，还会对未来走向工作岗位产生不利影响，中学生应具备解决生活矛盾和克服重重困难的毅力，处理好人际关系，融入集体中。

第三章　运动加营养促健康

一、科学营养

6～18 岁儿童和青少年正处于在校学习阶段，生长发育迅速，学习和运动量较大，对能量和营养的需要量相对高于成年人。充足的营养是他们正常发育智力和体格的保障。科学营养还需要强调合理膳食、均衡营养。

1. 规律饮食

学龄儿童应做到一日三餐，两餐间隔 4～6 小时，三餐定时定量，保证食物多样化，营养齐全。三餐的食物应包括主食、蔬菜、水果、肉类、海鲜类、蛋类、大豆类及其制品、奶类及其制品等。应避免食用糕点、甜食或零食代替正餐，避免食用水果代替蔬菜或蔬菜代替水果，避免食用果汁代替水果。

2. 吃好早餐

每天吃营养充足的早餐。早餐食物至少应包含以下三种及以上食物。

（1）主食类：如馒头、包子、面包、粥、面条、杂粮等；

（2）蛋肉类：如鸡蛋、猪肉、鸡肉、鱼肉等；

（3）奶豆类：豆浆、豆腐脑、牛奶、酸奶、奶酪等；

（4）果蔬类：菠菜、黄瓜、番茄、苹果等。

3. 天天喝奶

对于奶及奶制品，中学生每天尽可能摄入 300 克及以上。多在阳光下活动，可以促进人体合成维生素 D，增强钙的吸收。

4. 合理选择零食

零食是指一日三餐以外所食用的食品。零食尽可能选择干净卫生、营养价值高的食物。食用零食要适量，不得影响正餐的食欲，也不得用零食代替正餐。

5. 合理选择快餐

快餐是指由餐饮公司快速供应，食用方便且时间短，价格易接受，方便日常饮食需求的大众化餐饮。快餐主要分为西式快餐和中式快餐两种。

西式快餐主要由肉类、煎炸食品和含糖饮料组成，能量和油脂含量较高，维生素和膳食纤维含量较低；中式快餐在制作过程中用油、盐等调味品较多，口感好，激发食欲。长期食用高盐、高能量和高油脂的食物是诱发超重和肥胖的重要因素。因此，要尽量少吃快餐，经常从事体育锻炼。

6. 每天足量饮水

水是机体中含量最多的组成部分，是新陈代谢最好的溶剂。它不仅有利于体内营养物质的消化，促进代谢废物的排出；还可以吸收运动时产生的大量热量，调节体温。人需要及时补水，否则会因缺水，而导致身体脱水。脱水量依据失水量和体重的减轻值及症状，可分为三种程度。

（1）轻度脱水：失水量占体重的2%～3%或体重减轻少于5%，症状表现为口渴、头痛、头晕、四肢无力等。

（2）中度脱水：失水量占体重的3%～6%或体重减轻5%～10%，表现症状更为明显，开始出现了心率加快、体温升高和血压下降等功能紊乱的现象。

（3）重症脱水：失水量占体重的6%及以上或体重减轻10%及以上，上述（1）（2）类症进一步加重，甚至出现休克、晕厥。

大量运动时，水分不仅在体内被消耗，而且随着汗液排出，还会流失大量的电解质。因此，每天不仅必须补充足量的水分，还需要适当补充电解质。

二、身体运动

1. 积极开展身体活动

每天最好进行至少1小时的体育运动。由于中学生的学习任务繁重、课余时间少，连续锻炼时间无法满足1小时，可以通过每天3～6次，每次10分钟的中等强度的短时间锻炼。

2. 创造良好运动环境

家长给孩子制定作息时间表和运动计划，保证合理的学习、运动和睡眠时间。鼓励家长和孩子一起开展多样的亲子运动，激发运动兴趣，并与生活化相结合，如步行上下学、参加家务劳动等。积极进行户外运动，当出现雾霾、沙尘暴或其他恶劣天气时，可在室内进行适量的运动。

3. 减少观看电子产品的时间

电子产品是以电能为工作基础的相关产品。在电子产品中，对学生诱惑最大的是手机、平板、电脑、电视等。长时间使用电子产品，不仅会影响学生视力，而且严重威胁到他们的身体及心理健康。专家提醒，当观看电子产品每隔20分钟，就要向6米以外的远方眺望2分钟，并进行适量的体育活动。观看电子产品每天总时长应不超过2小时。

三、吃动平衡

如何判断“吃动平衡”？能量摄入=能量消耗。能量代谢失衡，即能量过剩或缺乏都对身体健康不利。

1. 体重过重与减肥

吃：严格控制油和脂肪的摄入（包括食用油、奶油、甜点等），适当控制精制白米面和肉类的摄入，科学节食，制定好长期计划，循序渐进。并保证蔬菜、水果和牛奶的摄入充足。减肥速度以每月2~4千克为宜。

动：建议超重或肥胖的人增加运动量，每天累计达到60~90分钟有氧运动，如快走、慢跑、游泳和骑自行车等，每次至少连续30分钟，心率控制在140次/分钟，每周3~5天。

2. 体重过轻与增重

吃：增加食物的摄入量，如谷类、牛奶、蛋类、肉类食物摄入。适当增加油脂的摄入。

动：每天坚持体育运动，可适当增加无氧练习。无氧练习每组时间一般控制在30~120秒以内，充分休息后，进行下一组。

3. 中学生每日摄入的食物量（见表3-1）

表3-1 中学生每人每日食物摄入量应满足下表的要求

种类	初中生（12~15岁）	高中生（15~18岁）
谷类及薯类	400~500克	400~600克
蔬菜	400~500克	500~600克
其中深色蔬菜	150~250克	250~300克
水果	250~400克	250~400克
水产、禽畜肉类	125~150克	125~150克
鸡蛋	50克（约1个）	50克（约1个）
奶及奶制品	300克	300克
大豆及其制品	30~50克	30~50克
植物油	25克	25克
盐	6克	6克

4. 中学生的健康行为

（1）减少静态活动时间

- 每天使用电视、电脑和手机等电子产品时间应少于2小时。
- 课间10分钟进行适量活动。
- 假期作息时间要规律。
- 在家学习时，每30分钟应适当进行调节运动。

（2）积极参加体育锻炼

- 每天保证1个小时以上中等强度运动，可适当进行高等强度运动。

● 至少掌握2项以上的体育活动技能，养成从事1~2项感兴趣的运动的习惯，积极参与“体育俱乐部”。

(3) 保证每日睡眠时间

充分睡眠是缓解疲劳的有效途径，睡眠能促进记忆，精神焕发，提高学习效率。初中生睡眠时间应不少于9小时，高中生不少于8小时。

食物营养是生命之本、健康之基、力量之源、智慧之泉，体育运动则是促进食物营养应用到孩子健康发育最佳状态的重要保证。因此，食物营养与体育运动互为前提和基础，共同决定着孩子的生长发育、智力发育及身体素质的全面发展。

第四章　中学生健康体能

一、身体成分

健康是人生最大的财富，而随着人类生存条件和生活方式的明显改变，高热量、高脂肪食物的过量摄入及体力活动的日渐减少已经成为威胁人类健康的危险因素。关注身体营养状况，通过身体成分分析评估身体营养，预测健康风险，已成为目前必要的健康评估手段。

（一）身体成分检测，探知体重来源

当前对人体肥胖程度的评估手段有多种，其中国际通用的 *BMI*［体重指数 *BMI*=体重/身高的平方（国际单位 kg/m^2）］是当前最常用的方法，既然有了这种方法，为什么还要测身体成分呢？

首先要了解身体成分测的是什么。身体成分是指体内各种成分的含量，包括肌肉、骨骼、脂肪、水和矿物质等，常用体内各种物质的组成和比例表示，所以身体成分是反映人体内部结构比例特征的指标。简单说：身体成分指的是身体脂肪组织和非脂肪组织的含量在体重中所占的百分比。

1. 水的平衡

人体内的水可分为细胞内液和细胞外液。这些体液占体重的 50% ~60%，是体内所占份额最大的成分。作为载体，它为细胞提供营养和氧气，并将二氧化碳和体内垃圾溶在水里送到人体的各器官进行处理。

2. 蛋白质的平衡

蛋白质由多种化学物质以环状形态构成是具有黏着性的人体成分。肌肉中含有大量的蛋白质，骨骼和脂肪里也溶入了一些蛋白质。蛋白质的匮乏意味着四肢的肌肉及形成脏器的肌肉不足。如果肌肉是利用人体的能源活动身体和脏器的器官的话，那么肌肉的不足就意味体质弱，没有活力。

3. 无机盐的平衡

无机盐是维持身体架构的支柱，在大脑里它是保护重要脑器官的盾牌。含蛋白质与钙质的无机盐聚合组成坚固的骨骼。但如果钙质从骨骼组织中脱落并随小便排出体外的话，骨骼的密度逐渐降低，导致骨质疏松症。

4. 脂肪的平衡

通常人们认为肥胖就是单纯意义上的胖，而胖就说明脂肪多，但是这并不是绝对的，体重很重的摔跤运动员就不能说他胖。

（二）评估营养，预测健康风险

身体成分检测的神奇之处在于它能探知体重的来源是脂肪组织还是非脂肪组织，身体成分检测具有非常重要的研究意义。

1. 评价营养状况

对于大规模人群营养状况的评价，国内外学者一般将人们的营养状况分为营养不良、低体重、正常体重、超重和肥胖 5 个等级。当前比较典型的营养状况评价指标有身高标准体重、*BMI*、体脂率和皮褶厚度等。

在实际生活中，受人体身材、性别、年龄和运动锻炼等情况的影响，身高标准体重、*BMI* 等方法在评价营养状况中存在“误判”现象。如运动员和健身者常常由于体内肌肉和骨骼含量增加，虽然体脂百分比正常，但体重超过标准体重，结果被误判为超重，甚至被误判为肥胖。

2. 预测健康风险

身体成分与健康风险预测密切相关，研究表明，腰围、腰臀比和腹部皮褶厚度等与躯干脂肪含量和体脂率有高度正相关，且随着上述指标的增加，糖尿病、高血脂、高血压、心血管疾病等发生的风险也在增加。

3. 评价体质和健康

体质是人类的基本属性，其状态的强弱直接影响人类生存的空间。世界上许多国家都非常重视体质研究。我国对身体成分的评价作为体质工作的重要组成内容，起步于20 世纪80 年代的国民体质监测工作，并将身高、体重、三围、皮褶厚度的测量作为我国国民身体成分的评价指标。

4. 评价生长发育

大量研究表明，身体成分的变化和遗传与后天环境因素有密切关系，并存在年龄、性别间的差异。了解不同年龄段、性别的青少年身体成分的变化，将有助于对青少年生长发育水平进行科学的评价。

5. 评价运动员体能

运动训练学认为，体能是身体形态、机能和素质的综合体现。不同运动项目对运动员的身体成分要求不一样，运动员适宜的身体成分将对运动成绩产生深远的影响。

二、心肺耐力

（一）身体知

1. 心肺耐力的概念

心肺耐力是指呼吸系统和循环系统协调工作向骨骼肌供应氧气，骨骼肌利用氧气产生能量使人体持续运动的能力。心率、肺活量、心脏每搏输出量、最大摄氧量等都是评价心肺耐力的主要参数。

2. 心肺耐力的分类

根据运动时能量供应过程中氧参加的程度，心肺耐力可分为有氧耐力、无氧耐力、有氧无氧混合耐力。

有氧耐力——机体在氧供应比较充足的情况下的耐力。

无氧耐力——机体在氧供应不足有氧债情况下的耐力。

有氧无氧混合耐力——机体在有氧和无氧双重情况下的耐力。

3. 心肺耐力对体能发展的作用

1）心肺耐力的提高对身体机能发展的作用

（1）对心血管系统的作用

人体在进行耐力运动时，循环功能的主要变化是心脏输出量的增加和各组织器官的血流量重新分配，特别是骨骼肌的血流量迅速增加，以满足其代谢增强时的能量供给。心脏具有一定的储备力，一般心脏输出量大约只有最大输出量的 1/4。经常进行耐力素质锻炼，可增强心肌力量，进而增加心脏输出量，从而提高人体活动能力。

坚持耐力素质练习，能够使人体的毛细血管增多，增加血液流动的通道，提高供血量，从而使各肌肉组织有足够的氧可以利用，排泄废物的功能也得到增强，骨骼肌的耐力也在提高，不容易产生疲劳。另外，经常从事耐力素质练习，还有一个明显的生理学效果，就是使血管的口径变大，不从事锻炼的人，其动脉口径较小，内径相当狭窄，输送血液的毛细血管也不增多，所以供血不足，容易产生疲劳的感觉。

（2）对呼吸系统的作用

在进行耐力素质练习时，为了提供人体各组织所需的氧气，不但要加大呼吸，还要加快呼吸的频率，以充分锻炼包括膈肌、内间肌、腹肌等的呼吸肌。呼吸肌发达后，直接产生了胸围围度和呼吸幅度增大的效果。

经常进行耐力素质练习，可加大练习者的肺活量。肺活量反应肺的储备力量和适应能力，也反映呼吸器官的最大工作能力。正常情况下，青年男子的肺活量为 3500 ~ 4000 毫升，青年女子的肺活量为 2500 ~ 3000 毫升，少年儿童的肺活量比青年要小。长期从事耐力素质练习的人的肺弹性增大，呼吸肌的力量得到增强，所以肺活量比不锻炼的人大得多，一般可增大 20% 左右。据有关调查，经常进行长跑的中老年人的肺活量，比同年龄的不锻炼者大 30% 左右。

（3）对肝功能的作用

在耐力素质练习的过程中，因为人体加大了对能量物质——糖的消耗，所以肝脏的机能得到了充分锻炼。肝糖原对肝脏的健康极为重要，它能保护肝脏，医生之所以让患肝病的人适当多吃些糖，就是这个道理。相比普通人，运动员的肝脏里储备的糖元相对较多，运动时向外输送的较快。经常坚持耐力素质练习的人，肝脏机能比一般人高，对疾病的抵抗能力也强。同时，肝脏还是一个重要的消化器官，经常进行耐力素质练习，在提高肝机能的基础上，就更有利于食物消化。

（4）对消化系统的作用

经常进行耐力素质练习，能够有效提高胃肠的消化功能。耐力素质练习过程中，除了需要心血管系统和呼吸系统输送氧气外，还需要胃肠提供营养物质。这样，消化腺分泌的消化液就更多了，消化管道的蠕动就更强了。胃肠的血液循环得到改善，使食物的消化和营养物质的吸收进行的更加顺利和充分。长期从事耐力素质练习，由于呼吸的加快加深，使膈肌大幅度地上下移动，腹肌也不断活动，对胃肠能产生一种按摩作用，增强了胃肠的消化功能。

（5）对神经系统的作用

通过耐力素质练习，可有效提高人体的神经兴奋与抑制、传导与反应等机能。相比于常人，长期进行耐力素质练习的人具备精力充沛，精明果断，动作迅速、准确、有力的特征，他们不但对外界刺激的适应能力很强，而且对病毒的抵抗能力也很强。耐力素质良好者在突然受到冷寒侵袭时，能够迅速收缩毛孔表层血管，增加新陈代谢等防御反射；在炎热的环境里，能够迅速舒张表层血管，以加强热的散发；当病毒侵入人体时，能快速动员各种防御机能，以保护身体免受损害，这些都是神经系统功能良好的具体表现。

2）心肺耐力的提高对培养意志品质的作用

从生理学角度讲，耐力素质练习是艰苦的，教师应紧密结合运动项目的特点，对学生进行思想教育，激励中学生奋发向上，顽强拼搏，磨炼意志。耐力素质的提高是一种枯燥的、多次重复的周期性运动过程，也是培养学生吃苦耐劳、坚韧不拔、顽强拼搏等意志品质的过程。

（二）测试知

1. 中学生心肺耐力测试中需要掌握的生理学常识

1）心率及测定方法

心率是指心脏每分钟搏动次数，是心肺功能检查和评定中最简易的指标。常用的心率有基础心率、安静心率、最大心率、靶心率、运动时心率和运动后心率。

（1）基础心率（静态心率）是清晨起床前空腹卧位心率。

（2）靶心率是能够产生运动效应而又比较安全的心率。靶心率的计算公式：

[（220-年龄）-静态心率]＊（60%～80%）+静态心率

（3）最大心率是运动时所能达到的最高心率，与年龄有关，不论性别，运动时的最高心率（次/分）=220-年龄。

在实际体育锻炼中常以测定脉搏频率来代替心率，常用测定部位为桡动脉和颈动脉，测定时间可依据运动及训练内容而定，一般有10秒、15秒、30秒和1分钟等。

2）运动负荷

运动负荷的量用运动量来表示，指人体在体育活动中所承受的生理、心理负荷量以及消耗的热量。决定运动量大小的主要因素是完成练习的运动强度和持续时间。

运动负荷的强度由运动强度来表示，指单位时间内完成练习所用的力量大小和机体的紧张程度。运动强度的高低是由练习时的速度和负重量等因素决定的。

一般认为，运动负荷可分为以下四个等级。

（1）极量：训练负荷在95%以上，心率在180次/分钟以上。

（2）亚极量：训练负荷在85%～95%，心率在170～180次/分钟。

（3）中等：训练负荷在75%～85%，心率在150～170次/分钟。

（4）小强度：训练负荷在60%～75%，心率在130～150次/分钟。

3）认识耐力跑中的“极点”现象

身体素质较差的学生，通常在运动开始后不久（特别是耐力跑），就会有两腿发软、全身乏力、呼吸困难等感觉。在运动生理学中，这种现象称为“极点”。“极点”的产生，主要是由于内脏器官的惰性造成的，这是一种正常的生理现象。它与训练水平、运动前的准备活动有关，经常参加锻炼的人，极点出现得晚，持续时间短，身体反应也较轻；反之，极点出现得早，且持续时间长，表现得也较重。

2. 中学生心肺耐力常用的测试方法

1）肺活量测试

测试目的：测试学生的肺通气功能。

场地器材：电子肺活量计。

测试方法：用干燥的一次性口嘴，被测试者进行一两次较平日深一些的呼吸动作后，更深地吸一口气，向口嘴处慢慢呼出为止。每位受试者测三次，每次间隔15秒，记录三次数值，选取最大值作为测试结果。以毫升为单位，不保留小数。

2）田径场定距计时跑（男生1000米、女生800米）

测试目的：测试学生耐力素质的发展水平，特别是心血管呼吸系统的机能及肌肉耐力。

场地器材：400米田径场跑道、秒表若干块。

测试方法：受试者听到“跑”的口令开始起跑，发令员在发出口令的同时要摆动发令旗；计时员视旗动开表计时；受试者躯干部到达终点线的垂直面停表。记录以秒为单位。

3）哈佛台阶测试

测试目的：测试有氧耐力。

场地器材：台阶。

测试方法：采用每两秒1次的频率进行蹬踏台阶，进行5分钟的升降运动，通过运动后恢复期心率数值计算指数，评价受试者的有氧工作能力。按照以下的公式求出指数，指数越大，其有氧工作能力越强。

$$运动指数=运动时间（秒）\times 100 \div 2\times (A+B+C)$$

其中，A为运动后1分钟至1分半钟的心率；B为运动后2分钟至2分半钟的心率；C为运动后3分钟至3分半钟的心率。

（三）评价知

在进行心肺耐力的评价时，可以通过测量肺活量、哈佛台阶测试和测试一定距离耐力跑（如男生 1000 米和女生 800 米跑）的成绩来评价有氧耐力的水平（详见表 4－1、表 4－2）。

表 4－1　肺活量测评参考指标　　单位：毫升

	男生			女生		
等级	高一	高二	高三	高一	高二	高三
优秀	4300	4500	4700	3050	3150	3250
良好	3800	4000	4200	2750	2850	2950
及格	2600	2800	3000	1750	1850	1950

表 4－2　耐力跑测评参考指标　　单位：分秒

	男生（1000 米）			女生（800 米）		
等级	高一	高二	高三	高一	高二	高三
优秀	3′40″	3′35″	3′30″	3′36″	3′34″	3′32″
良好	3′55″	3′50″	3′45″	3′50″	3′48″	3′46″
及格	4′45″	4′40″	4′35″	4′40″	4′38″	4′36″

（四）提高知

1. 提高中学生心肺耐力素质的方法

1）持续练习法

持续练习法是指负荷强度较低，负荷时间较长，无间断地连续进行练习的方法。持续练习法主要用于发展一般耐力素质，可提高有氧代谢系统的能力以及该功能状态下有氧运动的强度，可为进一步提高无氧代谢能力及无氧工作强度打下坚实的基础。

2）间歇练习法

间歇练习法是指对多次练习时的间歇时间作出严格规定，使机体处于不完全恢复状态下，反复进行练习的方法。合理应用间歇练习法，可使心肺功能得到明显的增强，以确保在较高强度的情况下具有持续运动的能力。

3）重复练习法

重复练习法是指多次重复同一练习，两次（组）练习之间安排相对充分休息的练习方法。通过多次重复练习，不断强化运动条件反射的过程，有利于掌握和巩固技术动作，可使机体尽快产生较高的适应性机制，有利于发展和提高身体素质。构成重复练习法的主要因素包括单次（组）练习的负荷量、负荷强度及每两次（组）练习之间的休息时间等。

4）循环练习法

循环练习法是指根据训练的具体任务，将练习手段设置为若干个练习站，练习者按照既定顺序和路线依次完成每站练习任务的练习方法。循环练习法的结构因素包括每站的练习内容、每站的运动负荷、练习站的安排顺序、练习站之间的间歇、每遍循环之间的间隙、练习的站数与循环练习的组数。运用循环练习法可有效地提高练习的积极性，可以合理地加大练习密度，随时根据具体情况加以调整，做到区别对待；可以防止局部负担过重，缓解疲劳的产生，并有利于全面身体训练。

2. 提高中学生心肺耐力素质的手段

1）初级练习手段

（1）定时定距跑。在场地或公路上做定时跑完规定距离的练习。如要求在规定时间内跑完 2000～3000 米。

（2）变速跑。在场地进行快跑段、慢跑段的距离和强度应根据任务与要求决定。一般常以 400 米、600 米、800 米、1000 米等段落进行。一般参照心率，快跑段落的心率控制在 140 次/分钟左右，慢跑段心率恢复到 120 次/分钟以下，间歇时心率恢复到 100 次/分钟以下时，开始下一组练习。

（3）重复跑。在田径场上进行练习，重复跑的距离、次数与强度也应根据任务与要求而定。发展有氧耐力重复跑强度不应大，跑距应较长些。

（4）越野跑。在公路、树林、草地、山坡等场地进行练习。跑的距离一般在 5000 米以上，多可达 10000 米。时间一般在 30 分钟以上。

（5）篮球 5 分钟运球跑。篮球场内，以单手或双手交替运球跑动 5 分钟，要求不间断跑动，不能静止运球。

（6）篮球“斗牛”游戏。篮球场上打半场或全场比赛性“斗牛”30 分钟以上。

5 分钟以上的循环练习选择 8～10 个练习，组成一套循环练习，反复循环进行 5 分钟以上。心率控制在 140～160 次/分钟休息，恢复到 120 次/分钟以下，开始下一组练习。

2）中级练习手段

（1）原地间歇高抬腿跑。原地做快速高抬腿练习，如发展非乳酸性无氧耐力，则可做 5 秒、10 秒、30 秒快速高抬腿练习，要求越快越好；如发展乳酸性无氧耐力，可做 1 分钟练习或 100～150 次为一组。

（2）高抬腿转加速跑。行进间高抬腿跑 20 米左右转加速跑 80 米。

（3）变速跑。变速快跑与慢跑结合进行。快跑段与慢跑段距离，应根据学生实际水平而定，如发展非乳酸性无氧耐力，则常采用 50 米快+50 米慢+100 米快+100 米慢、直道快+弯道慢、弯道快+直道慢等；如为发展乳酸性无氧耐力，则常用 400 米快+200 米慢、300 米快+200 米慢、600 米快+200 米慢等。

（4）跳绳跑。跑道上做两臂正摇跳绳跑，要求每次结束时心率达 150 次/分钟，间歇恢复到 120/分钟以下开始第二次练习。

上述方法的练习次数，重复组数、距离和练习强度，要从实际出发，因人而异，间歇时间应充分。

3）高级练习手段

（1）法特莱克跑。在田野或山林中，用不同的速度跑3000米左右。

（2）排球连续快速编组练习。如在排球场，根据教师的手势及抛球动作做连续滑步移动→侧倒体垫球→接滚翻动作等。

（3）足球连续快速编组练习。如两人踢传球→绕障碍运球→跑动射门的组合练习，即在足球场两人从底线开始向前跑动踢传球，过半场后两人交叉运球，传接绕障碍（10个练习锥桶，间隔2米），然后跑动射门；射门时由一人传球、一人射门，未射门的人取球后两人向反方向再做上述练习。

（4）篮球连续快速编组练习。如连续10分钟的快攻与防守步伐练习、连续多点投篮练习、半场限时传抢球练习等。

上述方法的练习次数、组数、距离，要从实际出发，因人而异。间歇时间应充分，强度控制在80%～90%。

3. 提高中学生心肺耐力素质的注意事项

1）重视练习过程中的细节

耐力训练虽然不像爆发力训练那样容易受伤，但是也要做好相关准备活动，不能过于随意。首先，每一次练习都要做好热身准备，提高神经系统的兴奋性，克服肌肉的粘滞性和器官的惰性。其次，要让中学生掌握正确的身体姿势、脚着地的方法和正确的呼吸方法，力求做到摆臂自然放松、步幅均匀、重心平稳。如果技术动作不标准，不仅容易受伤，而且提高的空间也会受限。

2）有氧耐力练习与无氧耐力练习相结合

有氧耐力和无氧耐力虽然在代谢过程中表现出较大差异，但是两者之间存在着非常密切的关系。有氧耐力是基础，无氧耐力的发展是建立在有氧耐力提高的基础上的。通过有氧耐力练习能使心脏体积增大，每搏输出量提高，从而为无氧耐力的发展打下坚实的基础。在发展有氧耐力过程中，穿插一些无氧耐力练习，能改善学生的呼吸能力和循环系统的功能，有利于提高机体输送氧气的能力，对提高有氧耐力水平极为有利。

3）积极恢复消除疲劳

相比其他运动项目，耐力项目的练习时间较长，消耗的能量较多，所以训练后积极补充能量物质，使机体获得更快的恢复尤为重要。中学生积极消除疲劳的主要方法包括练习后的全身各部位的拉伸、充足的睡眠和科学合理的饮食等。

4）加强医务监督

由于耐力素质练习时间较长，运动负荷较大，对人体各系统的影响也比较大。练习者如果在健康水平不佳或者机体能力有障碍的情况下，进行大负荷的耐力练习，就容易对人体各系统的功能造成严重的损伤，所以在耐力练习时加强医务监督非常必要。

耐力练习中的医务监督一般包括两个方面的内容：一是练习前的机能评定，包括血压、心率情况以及学生的自我感觉等；二是练习时学生对负荷安排的承受情况，如重复动作的变异程度，练习者练习时的面部表情、脸色、出汗程度等，一旦发现异常情况，就应减量或终止练习，以防不测。

（五）游戏知

1. 耐力大冲关

游戏目标：发展耐久跑能力，敢于面对挑战的勇气。

游戏准备：篮球场或平地、莱格尔跑音乐、扩音器。

游戏方法：学生成一列横队站在篮球场一侧边线（起点线）上。播放莱格尔音乐，听到游戏响起“嘟”时开始跑向对面边线（折返线）折返，在下一次“嘟”时必须踩到起点线。如此有节奏地来回折返跑，每跑一趟为成功挑战 1 关，男生挑战 66 关，女生 60 关。看谁能坚持到最后，直至挑战成功。

游戏规则：每次响起“嘟”时必须踩到起点线。

拓展与变化：①“莱格尔跑”是篮球裁判员晋升裁判员等级的体能测试必测项目。其方法是根据音乐节奏由慢到快进行的 20 米折返跑，每次响起“嘟”时必须踩到端线，测试开始时节奏非常慢，每一分钟匀加速一次；②为关注个体差异，可在折返线的前后 2 米、4 米或 5 米处各画一条辅助折返线，奔跑中，让学生结合自己的耐力水平，自主地选择相应的折返线；③根据学生的年龄及耐力水平，适宜增减冲关的次数；(4) 篮球、足球来回运球代替跑步。

分享与讨论：采用跑前动员、跑中激励、跑后祝贺的方式，帮助学生建立挑战自我、战胜自我的信心和勇气，让每一位学生都能体验到挑战的成功。

2.“贪吃蛇”

游戏目标：展耐久跑能力，培养协作意识。

游戏准备：球场。

游戏方法：全班学生均分成 4 组，每队选出 1 人做“蛇头”（要耐力素质好），分别站到足球场的 4 个角（出发地）。每队学生再分成 2 ~ 3 组，分别站到 2 个对角或 3 个角（“蛇头”站的角除外）当“食物”。开始后，“蛇头”沿足球场边线和球门线做逆时针方向跑进，依次去“吃”（击掌）本队的“食物”，被吃的“食物”立即组成“蛇身”，并随“蛇头”跑动，继续去吃“食物”，如此反复。直到吃完本队全部“食物”并回到出发地，用时最少的队胜出。

游戏规则：①“贪吃蛇”必须在线上跑动，不能脱节（前后距离不能大于 2 米）；②“贪吃蛇”同一地点只能“吃”一颗“食物”；③若有多队重合时，其他队队员不得干扰另一队的活动，若超越须从右边（外侧）通过。

拓展与变化：①游戏前，让各小组成员自行商量决定奔跑的顺序；②可用跑道、篮球场、相同大小的平地画线或放置标志筒代替足球场；③根据足球场的大小、学生的年龄以及班级人数的多少合理调整游戏规则，如增加“食物”放置点位；④增加“吐食物”环节，也就是在吃完本队全部“食物”后继续跑进，每到一个食物点就“吐”（下）一颗“食物”；⑤为防止脱节，可每人腰上系一条跳绳（绳结打在背后），当被“吃”后，被“吃”队员的双手拉住前面队员身后跳绳的两端，或拉一条长绳跑，形成长蛇状。

分享与讨论：一个经典的手机游戏，改编成现场版耐久跑游戏。

3. 疯狂翻转

游戏目标：发展耐久跑能力，感受集体的力量。

游戏准备：平地和杯子。

游戏方法：取60～100个杯子，前后左右相距2米以上，排成6行（前后行错位），单数行杯口朝上，偶数行杯底朝上。全班学生均分成甲乙2组，分别站在场地外面，甲组为杯口朝上，乙组为杯底朝上。开始后，大家跑进场地，力争将对方的杯子原地翻转180°变为本方杯子，如甲组队员将杯底朝上的杯子翻成杯口朝上，乙组队员则将杯口朝上的杯子翻成杯底朝上；游戏时间到，双方立即停止翻杯，退出场地；然后清点双方的杯子数，看哪组的杯子多为胜。

游戏规则：①每次只能翻转一个杯子，且放在原处；②奔跑和翻转起身时，注意避让其他队员，避免碰撞。

拓展与变化：①杯子可用圆垫、铁制圆柱饮料罐、塑料杯、象棋子、瓶盖等代替；②建议杯子数量超过参与活动人数1.5倍以上为宜；③最后清点杯子时，大家统一站在一组的杯子边，即可分出胜负；④可采用3局2胜或5局3胜制进行比赛，或多次比赛，以累计胜出的杯子数量来定胜负，以增加比赛的刺激性和悬念性；⑤将跑步改为单脚跳、双脚跳、矮人走等方式；⑥为了确保杯子不移位，在杯子下面放小圆垫（鼠标垫）或用粉笔画个圆圈作杯子的“窝”。

分享与讨论：为了团队的荣誉，共同行动，唯有不懈地努力！

三、柔韧性

（一）身体知

1. 柔韧性的概念

柔韧性是指人体各个关节在不同方向上的运动能力以及肌肉、韧带等软组织的伸展能力或人体在运动中完成大幅度运动技能的能力。

2. 柔韧性的影响因素

柔韧性受到性别和年龄、关节面的结构、关节周围组织大小、运动水平、神经过程转换的灵活性等影响。其中，有些因素不能通过训练来改变，例如性别、年龄、关节面的结构。但经常参与体育活动对韧带、肌肉和肌腱柔韧性的发展有促进作用。另外，疲劳程度、心理因素及外部环境的温度对柔韧性也有一定的影响，例如外部环境温度较高时，柔韧性相对较好；人体在疲劳状态下，柔韧性下降，适当休息调整后，柔韧性会有所恢复；心理过度紧张也会影响到柔韧性，因为中枢神经系统使神经过程由兴奋转为抑制，进而影响人体各部位的工作状态，使柔韧性下降。

3. 柔韧性的分类

1）按照生理学分类，柔韧性可以分为主动柔韧性和被动柔韧性

主动柔韧性是指利用肌肉可以使关节活动的范围，被动柔韧性则单纯是关节活动的最大范围，主动柔韧不可能超出被动柔韧的活动范围。总体来说，成年男性的被动柔韧不及成年女性和幼童，但是的女性和幼童肌肉力量发展不足，因此主动柔韧方面不及成年男性。

2）按照与专项的关系分类，柔韧性可以分为一般柔韧性和专项柔韧性

一般柔韧性是指在为适应一般技能发展所需要的柔韧素质，专项柔韧性是指在专项运动中所需要的特殊柔韧性。专项柔韧性具有较强选择性，由于项目的需求不同，相同身体部位的柔韧性在方向、幅度等表现上有着一定的差异。

3）柔韧素质从外部运动状态的表现可分为动力性柔韧性和静力性柔韧性

动力性柔韧性是指肌肉、肌腱、韧带根据动力性技术动作需要，拉伸到解剖学允许的最大限度能力，随即利用强有力的弹性回缩力来完成所要完成的动作。所有爆发力前的拉伸均属于动力性柔韧性。静力性柔韧性是指肌肉、肌腱、韧带根据静力性技术动作的需要，拉伸到动作所需要的位置角度，控制其停留一定时间所表现出现的能力，如跳水运动员保持身体前屈的姿势、俯平衡动作、体操中的控腿、劈叉等就是这种能力的体现。

4. 柔韧性在体育运动中的作用

1）柔韧素质有利于运动能力的提高

在体育运动中，柔韧性素质有利于运动者运动能力的提高。位于肌肉、肌腱和关节内的本体感受器能够感受肌肉的长度、压力以及关节角度。柔韧性素质能够改进本体感受器接受刺激的能力，促进肌群内部的协作和运动技术的提高。在运动中，柔韧性素质重视度越来越高，训练的方法也在不断地改进。

2）柔韧性素质能最大化地发挥其他各项身体素质

柔韧性素质虽然不直接为体育运动提供速度、耐力、力量、灵敏等运动能力，但可以为体育运动能力提供相应的帮助。神经支配肌肉快速收缩是速度的体现，拥有良好的柔韧素质，有利于神经冲动的快速发放，促使肌肉快速收缩，同时有利于对抗肌肉的放松；在耐力运动中，柔韧性素质好的人能够更好地放松肌肉，节约体力，使运动动作更加经济实惠；在力量素质为主的体育运动中，柔韧性素质好的肌肉，收缩的力量大、速度快，更容易取得较好的成绩。

3）柔韧性素质能够减少运动中受伤

在运动过程中，良好的柔韧性可以减少肌肉、肌腱和四肢超过承受极限而产生损伤的可能性。例如，在篮球运动中跳跃产生的冲撞力传递到关节和骨骼，容易造成关

节的衰退，甚至骨折；柔韧性好的肌肉就能够很好地吸收冲撞力，减少对关节和骨造成的压力。良好的四肢柔韧性还可以减少对脊椎产生的张力。很多专家和医生都指出：提高柔韧性练习，可以有效降低运动损伤的概率，减少肌腱和关节损伤。

4）柔韧性练习能够促使人体运动后快速恢复

人们在运动后，身体产生疲劳，内环境发生改变，正确的柔韧性练习有利于身体的快速恢复。在较为激烈的肌肉运动或者大强度的力量训练后，容易产生“延时性肌肉疼痛”，一般表现为：感觉肌肉绷紧，动作受限，影响运动质量。如果采用正确的柔韧性练习，在两三天后，疼痛会逐渐消失，肌肉变得更加强壮，并且下次再做类似的练习时，疼痛会减轻。

5）柔韧性素质能够有助于运动损伤的恢复

柔韧性练习是受伤后恢复过程中的重要练习内容。受伤后肌肉和肌腱逐渐紧绷，动作范围受限。柔韧性练习能够解除这种僵硬状态，同时加速损伤肌肉的恢复。在修复肌肉组织的过程中，柔韧性练习能够使肌肉慢慢地恢复到原来的长度，减少交叉粘连，同时肌肉的张力和本体感受也得到恢复。

6）柔韧性素质能够增大动作范围

无论是在日常生活中四肢和躯干进行弯曲、延伸、扭转，还是工作或竞技运动中的投掷、推拉等活动，其完成程度，取决于身体动作的范围。柔韧性练习使四肢具备更好的杠杆作用，增加身体动作的幅度。这样人们就可以延伸、投掷或者将球踢得更远，跳得更高，跑得更快。增加身体各种动作的幅度，可以提升运动员动作的审美性，有难度的技巧动作表演，让观看者更加赏心悦目。

7）柔韧性素质练习能够集中精力进而放松情绪

通常在运动前和运动后，都会做柔韧性练习。柔韧性练习使运动参与者放松紧张情绪，并产生自己已经全身心的投入、准备好了的心理暗示，把心中的杂念抛开，从而消除紧张情绪。例如，马上要进行一场非常重要的比赛了，却与朋友发生争执；出车祸或者轮胎抛锚；丢了钥匙或者钱包，等等。通过柔韧性练习，运动员可以暂时忘记这些事情，并且把注意力集中到运动中去。

（二）测试知

1. 柔韧性测量中常用名词

（1）弯曲：指运动幅度减小。

（2）伸展：指运动幅度增加。

（3）过度伸展：指关节伸展程度远远超过正常幅度。

2. 柔韧性测试的形式

柔韧性测试包括绝对柔韧性测试和相对柔韧性测试。绝对柔韧性测试：测量与绝对体能目标有关的运动，例如，纵劈叉测量受试者臀部与地面的距离。相对柔韧性测试：它与特定的身体部位有关，测试中不仅测量运动，而且还要测定受影响的肢体长度与宽度，例如，坐位体前屈、立位体前屈、俯卧背伸测试及旋肩测试都是相对柔韧性测试项目。

3. 柔韧性测试内容及方法

1）坐位体前屈测试（如图4－1）

动作规格：受试者坐在平地上或坐位体前屈测试仪上，两脚抵住挡板，两腿伸直，保证膝关节不弯曲，两脚分开10～15厘米，上体前屈，两臂伸直前；用两手成掌，用指尖逐渐向前推动游标，直到不能前推为止。测试仪的脚蹬纵板内平面为0点，向内为负值，向前为正值。测试两次，取最好成绩。

测试场地：一块有垂直背靠面的平地。

测试方法：测量仪器滑动的距离。

测试单位：厘米（保留一位小数）。

2）测试名称：立位体前屈（如图4－2）

测试方式：受试者立于测量台面上，两腿并立，足尖约分5厘米，足尖与固定直尺的测量台台缘齐平，然后上体慢慢前屈，同时双手臂充分伸直并拢沿直尺尽力下伸，当双中指平行且停止不动时即可读出成绩来。主要用于测定髋关节及膝关节后侧韧带、立位体前屈肌腱、肌肉的伸展性。

测试标准：记数时以台面为0，零台面以上记为负数，零台面以下记为正数。

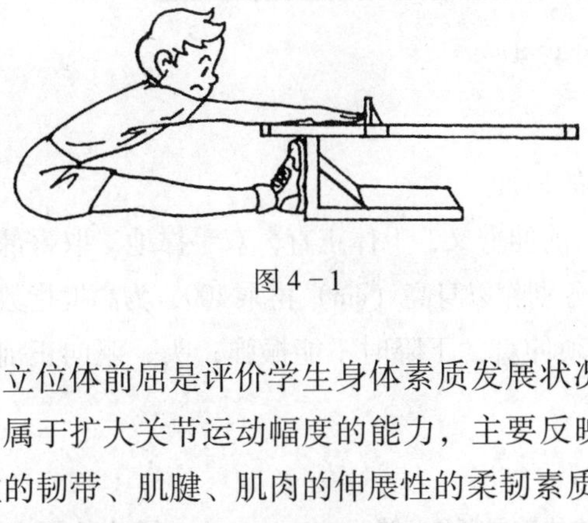

图4－1

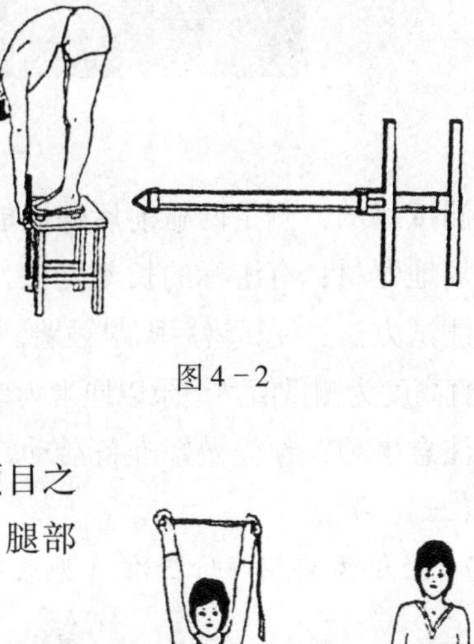

图4－2

立位体前屈是评价学生身体素质发展状况的项目之一，属于扩大关节运动幅度的能力，主要反映腰、腿部为主的韧带、肌腱、肌肉的伸展性的柔韧素质。

3）测试名称：旋肩测验（如图4－3）

测试目的：测量柔韧性，两手尽量窄握时肩旋转的能力。

测试器材：皮尺或带有刻度的小木棍。

测试前准备：①检查皮尺或木棍刻度的准确性。②准备好测试所用的皮尺或木棍。

方法步骤：

① 受试者直立，先测量肩宽，两脚分开与肩同宽，两臂伸直；双手于胸前握皮尺（或小木棍），一手虎口固定于

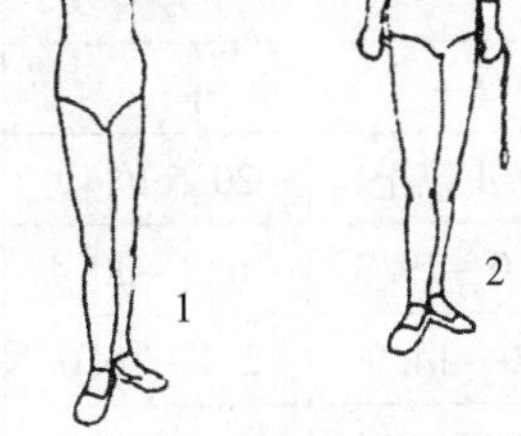

（a）　（b）

图4－3

皮尺（或小木棍）的零点位置，另一手（活动手）取适当距离握住皮尺（或小木棍）。

② 然后两臂伸直，由胸前向上、向后旋转过头（如遇阻力，活动手可向外滑动，加大两手间距离），两直臂向前旋转至开始位置。

③ 以厘米为单位，记录两手拇指间的距离。

4）测试名称：纵劈叉（如图4-4）

图4-4

测试目的：测量两腿前后伸展能力。

场地器材：有游标的长刻度尺，平坦的地面。

测试方法：受试者后脚跟触墙，前脚向前伸劈叉，上体正直，双手撑地，取臀部至地面垂直高度为测量值。记录以厘米为单位，分别除以身高（cm）再乘100，为高度指数。

注意事项：预先做好准备活动，双膝须伸直，下降时不能振弹；头、躯向正前方。

（三）评价知

1. 坐位体前屈评价标准（见表4-3）

表4-3　坐位体前屈评价标准　（单位：厘米）

男生			水平	女生		
高一	高二	高三		高一	高二	高三
19.4以上	20.5以上	21.0以上	优秀	20.8以上	21.4以上	21.9以上
15.0~19.3	16.1~20.4	17.2~20.9	良好	17.4~20.7	18.0~21.3	18.5~21.8
1.0~14.9	2.1~16.0	3.2~17.1	及格	4.4~17.3	5.0~17.9	5.5~18.4
0.9及以下	2.0及以下	3.1及以下	不及格	4.3及以下	4.9及以下	5.4及以下

注：此标准可以用于体育课堂随堂测试，体质健康测试标准可参考2014国家体质健康测试单项指标评分表。

2. 立位体前屈评价标准（见表4-4）

表4-4　立位体前屈评价标准　　（单位：厘米）

男生	水平	女生
25及以上	优	24及以上
19~24	良	19~23
12~18	中	12~18
5~11	下	6~11
4及以下	差	5及以下

3. 旋肩测验评价标准（见表4-5）

表4-5　旋肩测验评价标准　　（单位：厘米）

男生	水平	女生
18.1及以下	优	13.0及以下
29.5~18.2	良	25.1~13.1
37.1~29.6	中	33.3~25.2
50.5~37.2	下	45.4~33.4
50.6及以上	差	45.5及以上

4. 纵劈叉高度指数评价标准（见表4-6）

表4-6　纵劈叉高度指数评价标准　　（单位：厘米）

等级	男	女
优	13及以上	9.7及以下
良	14.5~40	11~29
中	42~97	31~52
下	81~102	53~63
差	103及以上	63及以上

（四）提高知

1. 静态拉伸训练

静态拉伸法将需要拉伸的肌肉慢慢拉长，并在一个较舒适的状态保持15~30秒钟。持续一段时间后，拉伸感觉减弱，可适当加大拉伸幅度，并保持姿势一段时间。静态拉伸可以是主动，也可以是被动的拉伸。

通常静态拉伸是健身运动后的放松运动。静态拉伸可以有效缓解延迟性肌肉酸痛，并且可以加速运动后肌肉弹性的恢复、预防乳酸堆积、减少酸胀疼痛、避免运动伤病，拉伸的持续时间为半分钟到一分钟为宜。静态拉伸可以使肌肉和韧带伸展放松，长期进行静态拉伸有治疗伤病的作用。

（1）上肢柔韧练习

两脚左右分开站立，与肩同宽，两臂前伸，躯干与下肢接近90°，手或手腕搭在肋木上，三角肌绷紧，低头，保持此静止姿势8～10秒或稍长时间，然后放松（如图4－5）。

直立，两臂自然下垂，两手松握拳，手背朝后。两臂直臂朝后上方抬起，上身可略前倾，两臂抬至不能再抬为止，肱三头肌极度绷紧，保持此静止姿势8～10秒或稍长时间，然后放松（如图4－6）。

图4－5

图4－6

（2）躯干柔韧练习

两脚左右开立，挺胸收腹，十指交叉抱于头后，平稳用力将头向前下方压，同时颈部施以抗力，不让手将头压下。保持此姿势8～10秒或稍长时间，然后放松（如图4－7）。

坐姿，脚踝部固定，上身后仰，与下肢的角度大于90°，腹直肌极度绷紧，保持此静止姿势8～10秒或稍长时间，然后放松（如图4－8）。

图4－7

图4－8

（3）下肢柔韧练习

半蹲，大腿保持水平，上身尽可能与地面垂直，两臂前伸保持平衡，股四头肌极度绷紧，保持此姿势8～10秒或稍长时间，然后放松。

横叉，两腿左右分叉，绷直，两腿尽量在一直线上，上体保持正直，两手分别放在两腿上（如图 4－9）。

竖叉，两腿前后分叉，右腿在前，左腿在后，绷直，两腿尽量在一直线上，上体保持正直，两手分放在身体两侧。两腿前后适时交换（如图 4－10）。

图 4－9

图 4－10

2. 动态拉伸训练

动态拉伸也称作“动态关节活动度”（DROM），指通过有控制的缓慢活动肢体，来增加整个关节活动范围，并有节奏地重复某一动作，对练习者的强度和刺激较大。动态拉伸与弹性拉伸不同在于：动态拉伸只做舒缓、有控制的活动，没有跳跃或快速动作。

动态拉伸通常是运动前的热身运动。虽然不具备肌肉和韧带的舒展效果，但却是非常好的激活肌肉方法，使各关节和身体肌群充分的活动起来，提高运动者肌肉的温度和灵活度，从而使肌肉迅速进到运动状态。

（1）上肢柔韧练习

① 屈肘摸背。一只手从同侧肩上方屈肘向后下摸背，另一只手从头后上绕过握住其肘，缓慢用力向后下压摸背，手尽量往下摸（如图 4－11）。

图 4－11

② 压肩练习。两脚左右开立，与肩同宽，躯干与下肢尽量接近 90°，两臂前伸，手或手腕搭在肋木上，三角肌极度绷紧，低头，以肩为轴做有节奏地下振（参见图4－5）。

③ 直立，两臂自然下垂，两手松握拳，肱三头肌绷紧，两臂直臂向前上方或后上方做有节奏的摆动（如图4－12）。

（a）（b）（c）

图4－12

（2）躯干柔韧练习

① 两脚左右开立，两臂做有节奏的曲臂后振或直臂后振（如图4－13）。

（a）（b）（c）

图4－13

② 直腿仰卧起坐。平躺，两腿并拢自然伸直，双腿紧贴在地上，十指头后交叉，靠腹部力量抬起，使头尽量向膝盖紧靠（如图4－14）。

③ 两头起。平躺，两腿并拢自然伸直，双腿紧贴在地上，两臂放于头后自然伸直，且手背着地。做起式时，两腿两臂同时上举下压，向身体中间靠拢，以胯为轴使身体形成对折，然后恢复原状，再重复刚才的运动。连续做10～15次，每次练习做2～3组。

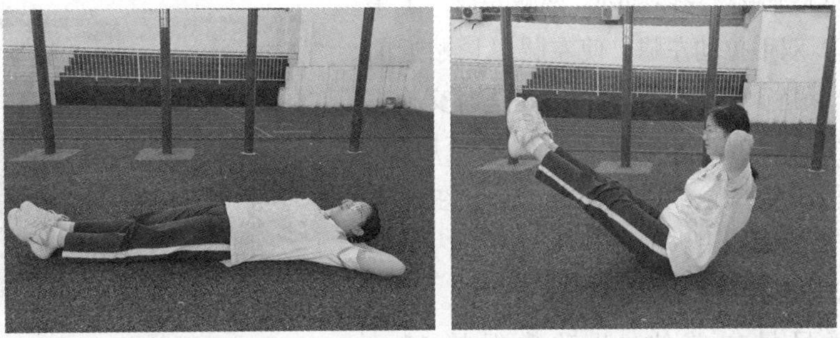

（a）　　　　（b）

图 4 - 14

(3) 下肢柔韧练习

① 肋木正压腿。将左腿（被压腿）放在肋木上，与其保持垂直，并与地保持平行；右脚脚尖也要与肋木保持垂直。两腿伸直，低头含胸，双手握住左脚脚尖，保持15 ~ 30 秒/次。两腿适时交换（如图 4 - 15）。

（a）　　　　（b）

图 4 - 15

② 肋木正弓步压腿。左腿正弓步踩在肋木上，右腿尽量斜后移并同时绷直，上体做转腰练习。两腿适时交换。

③ 侧卧上举腿。身体侧卧，右臂与身体垂直。上举左腿并绷直，左手拉动左腿，使左腿尽量贴近身体。此动作保持 15 ~ 30 秒/次，两腿适时交换（如图 4 - 16）。

（a）　　　　（b）

图 4 - 16

④ 仰卧上举腿。身体仰卧，两腿并拢。上举左腿并绷直，双手拉动左腿，使左腿尽量贴近前胸。此动作保持 15 ~30 秒/次。两腿适时交换。

⑤ 跪撑后倒。双膝跪地，身体尽量后倒，两腿要始终保持并拢，用手撑地，也可在他人帮助下进行（如图 4－17）。

图 4－17

⑥ 坐位体前屈。坐位并腿，绷直脚尖。含胸低头，两臂尽量向前伸。此动作保持 15 ~30 秒/次。

⑦ 立位体前屈。立位并腿，含胸低头，两手尽量紧握脚踝。此动作保持 15 ~30 秒/次（如图 4－18）。

（a） （b）

图 4－18

⑧ 对脚坐。两脚脚心相对而坐，上体保持正直，两手有节奏按压膝关节。（如图4－19）

图 4－19

⑨ 分腿坐。两腿尽量大角度分开而坐，用异侧手触摸脚尖进行练习。此练习也可在别人帮助下做静力拉伸，两手尽量前伸，腰部肌肉放松，腹部最好能够贴近地面。

⑩ 站立搬脚。左腿在前，绷直，脚跟着地勾脚尖；右腿屈膝。上体下压，含胸低头，双手抓住脚踝。此动作保持 15 ~30 秒/次。两腿适时交换（如图 4－20）。

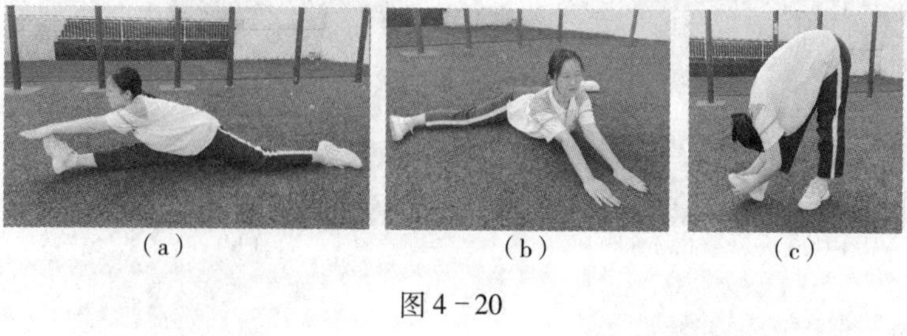

（a） （b） （c）

图 4－20

⑪ 弓步压腿。两腿前后分开，前腿弓，后腿绷，上体保持正直，重心在两腿中间，并有节奏地上下移动。两腿适时交换（如图4-21）。

图4-21

3. PNF 拉伸训练

PNF 拉伸训练是由人体感觉神经肌肉易化技术衍化而来的方法。PNF 拉伸法在实施过程中最重要的一个环节是需要练习者对抗一个来自外界施加的阻力，这也是与传统静态拉伸和动态拉伸不同之处。由此可以调动神经系统兴奋性，让中枢神经系统更好的调节和控制肌肉活动，以提高身体柔韧素质。该方法对于提升坐位体前屈成绩有良好的效果。

PNF 拉伸训练听起来很复杂，其实操作很简单，就是在传统拉伸过程中，增加一个目标肌群主动对抗发力的阶段，然后继续做传统静态拉伸。PNF 既可以在训练的热身阶段采用，又可以在放松恢复阶段采用；既可以作为一般性柔韧性练习手段，又可以作为专门性柔韧性练习手段。该方法主要运用于改善柔韧性的练习当中，结合了肌肉的收缩和放松，一般是在两人的配合下进行。

（1）PNF 拉伸训练的具体做法

① 静态拉伸目标肌肉，约 10 秒；

② 让目标肌肉做等长收缩，约 6 秒；

③ 再次做静态伸展，同时收缩拮抗肌，约 30 秒。

（2）利用收缩-放松技术拉伸腘绳肌为例

① 两人配合。首先，练习者仰卧伸直抬起一条腿，缓慢地伸展开，在同伴的助力下把腿伸展至腿后肌群和韧带有轻微酸痛感，髋关节活动到最大被动关节活动度，保持静力性伸展；然后练习者进行拮抗肌强收缩，把抬起的大腿压向地面；而辅助者施加一个向上的阻力。这样练习者保持在等张收缩状态，并维持肌肉收缩一定的时间（一般是 5 ~8 秒）。接着练习者和同伴都放松，随后练习者在新的受限位置上重复以上动作，直到不能获得更大的活动范围为止（一般不少于 3 次）。

② 单人练习。练习者直立，采用和平时正压腿相同的姿势，先把腿压到紧绷酸胀的状态，再做腘绳肌的等张收缩 5 ~6 秒（由于固定器械的阻碍，大腿不可能移动，相当于同伴的施加阻力）。肌肉收缩后放松，紧接着大腿前侧的股四头肌主动收缩和上半身挺直并微向前倾（相当于拮抗肌收缩和同伴的助力），使下肢尽量靠近躯干，持续 30 秒左右。

③ 体育课堂双人配合练习方法

如图4-22 所示，在进行柔韧性训练过程中，不能采用单一的方法进行，需要不断探索，不断进步，根据实际情况将多种训练方法相结合，这样才会取得显著成绩。

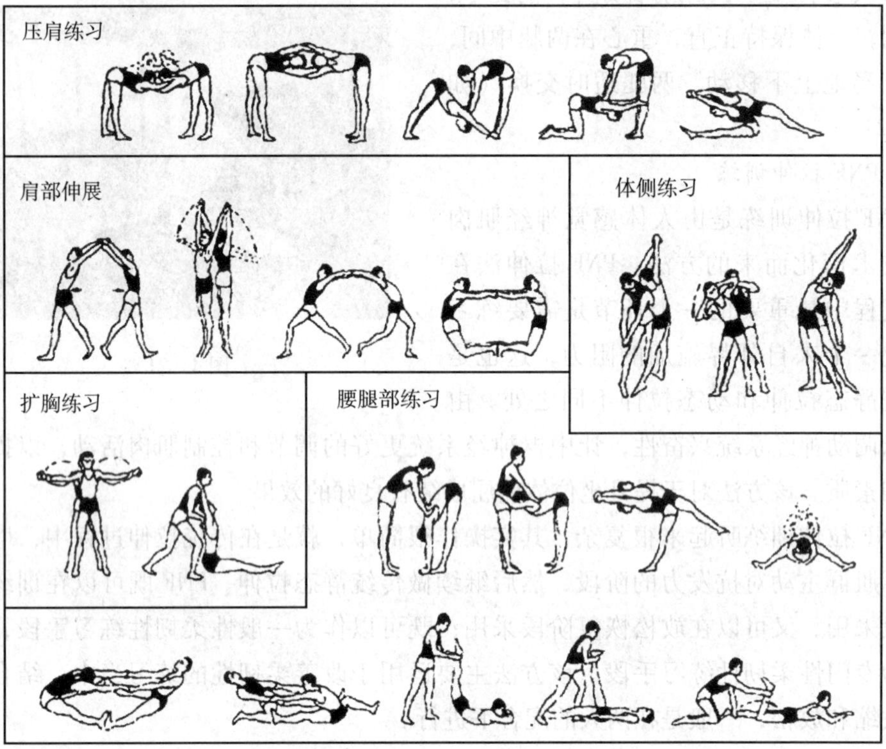

图 4－22

（五）游戏知

1. “车轮转转”

游戏目标：通过游戏，学生能提高肩关节的柔韧性和动作的协调性。

游戏准备：每人一根纸棒，纸棒两端可配上不同颜色的彩带。

游戏方法：练习者自然站立，双手握住纸棒两端，置于腹前。裁判员发令后，两腿依次抬起跨过纸棒，再将纸棒从头后翻转经背到体前。如此循环反复，似车轮转动，在一分钟时间内，跨过次数最多的获胜。

游戏规则：①纸棒必须由双手握住，绕过全身才算一次；②握纸棒两端的手脱落，纸棒被扯断，踩断的次数不算，但可以重新抓棒和换棒，然后继续进行。

教学建议：①初学时，双手抓棒的间距要宽，不要急于组织比赛，防止肩部受伤；②动作熟练后，可进行规定抓棒间距比次数、规定次数比时间、规定次数比节奏的比赛；③在投掷教学前练习，有助于增加肩关节的活动度，防止肩部肌肉拉伤。

2. “粽子旅行”

游戏目标：通过游戏，发展上肢和腰部的柔韧性。

游戏准备：粽子球 4 个（可用其他球代替）。

游戏方法：学生站成人数相等的四路纵队，各路纵队的排头同学手持一球，双脚开立与肩同宽，仅转体直臂从身体左侧向后传递，直到队尾；全体向后转，再从右侧传递返回，然后依次从头上—胯下传递，看哪队最先完成。

游戏规则：①双手手递手传递，不得抛接；②传递的过程中如有失误，失误队员将球捡起，重新传递，继续游戏。

教学建议：①做好热身活动，避免受伤；②教师在游戏前讲解清楚游戏规则，可以喊 1 ~2 名学生进行示范；③在教学中练习，有助于增加课堂气氛，调动学生练习的积极性。

3. “升级夺魁”

游戏目标：增强学生下肢柔韧性，提高身体协调性，培养青少年挑战极限的精神。

游戏准备：提前准备好肋木场地，将学生分组。

游戏方法：将学生分成人数相等的 4 ~6 个组，且学生面对肋木纵队站立；听到教师信号后，4 组的排头来到肋木前，面对肋木一脚支撑，另一腿抬起将脚放在肋木上与腰成 90°，同时双手抓住肋木；教师喊“1 ~5”数字（5 秒左右），练习学生开始升级，把脚向上放一格；教师继续喊“1 ~5”数字，然后学生再升一格，直到不能升格为止，由下一位继续完成任务。

游戏规则：①学生做动作时，支撑脚不可以离开地面；②学生再每个高度上必须停留 5 秒，否则视为动作失败，不得分；③基础高度为与学生身体大约成 90°的那一格开始，每升高一格记一分，以各组最后得分多者为优胜。

教学建议：①做好热身活动，避免受伤；②不可以过度拉伸，针对一些柔韧性不是太好的学生不能过分勉强，以免造成损伤。

4. “毛毛虫接龙”

游戏目标：发展青少年下肢及髋关节柔韧性，发展核心力量。

游戏准备：标志盘若干。

游戏方法：将学生分成人数相等的 4 ~6 个组，设置好起终点，学生在起点处纵队站立。游戏开始后，各组第一名学生听老师发令后，采用站立姿势开始，弯腰直腿直臂双手扶地，用双手直臂左右手依次向前“爬”，每次大约前进 10 厘米，直至成俯撑姿势，再用双脚直腿左右依次向前挪动，每次大约前进 10 厘米，直至呈弯腰的开始姿势。学生采用这种姿势一直“爬”到终点和下一位学生击掌，换下一位学生继续进行，哪组速度最快为胜利。

游戏规则：①在“爬行”的阶段，必须直腿直臂，不得弯曲，否则为犯规；②每次前进的距离大约 10 厘米，不可以大范围“爬行”，否则违例；③起点线后开始，当身体完全通过终点线为通过；④一轮结束后，哪组学生最先全部完成视为组获胜。

教学建议：①做好热身活动，避免受伤不可以过度拉伸；②游戏开始前，每一组派一名队员当监督员，相互交换监督；③如有犯规的，返回起点重新开始。

四、肌肉力量和肌肉耐力

（一）身体知

1. 发展肌肉力量、耐力的必要性

1）关键概念

运动单位肌、纤维募集、肌原纤维、等长练习、等张练习、等动练习、渐增阻力原则。

2）重要问题

发展肌肉力量、耐力的益处；肌肉收缩的机制；肌肉收缩的形式；不同肌纤维的类型；影响肌肉力量、耐力练习效果的因素；肌肉力量、耐力练习的一般原则；负重练习的类型对肌肉力量、耐力的影响；改善肌肉力量、耐力的运动处方。

大多数人认为，加强肌肉力量和耐力练习可增加肌肉体积和提高运动成绩，但他们并不真正知晓其健康价值，即减少脂肪和体重的重要意义。还有许多人存在着对力量练习作用的误解（见表4－7）。

表4－7　走出力量练习的误区

误区	补偏救弊
力量练习使锻炼者显得僵硬	力量练习实际上可以改善柔韧性。在每次练习前、后应做适当的伸展运动，而且每次练习关节的活动范围应尽可能大
力量练习使女子男性化	女子每星期3～4次的力量练习不可能使肌肉块增大，练习采用中等的力量负荷和重复次数，只会改善练习者的女性外表特征
力量练习可使脂肪转化为肌肉	脂肪和肌肉是不同的组织，不能相互转化。当锻炼者消耗掉的热量比摄入多时，脂肪细胞缩小。力量练习增加肌肉的体积有助于因体重下降而松弛的皮肤恢复弹性
仰卧起坐是最好的平坦腹部的练习法	尽管仰卧起坐有助于腹部变小，但不如锻炼者减少热量摄入有效，减少热量摄入会使脂肪细胞缩小。只有锻炼和控制热量摄入相结合，才会使腹部变得平坦
没有类固醇药物几乎不可能增加肌肉总量	不得服用类固醇药物，通过负重训练和合理的营养，每月也可以增加1～2千克的肌肉
进行力量练习没有多大意义，当停止力量练习后，肌肉将变成脂肪	脂肪不能变成肌肉，肌肉也不能转化成脂肪。当停止练习后，肌肉因不运动而体积减小；又因摄入过多、耗能减少而脂肪细胞增大
和男子不同，女子进行力量练习进步非常慢	肌肉组织的结构和收缩力量上没有性别差异，相同的负重练习，男子和女子的练习效果相近
力量练习热量消耗少，对减体重无多大帮助	力量练习使肌肉的重量增加，基础代谢率随之增加，休息状态时人体热量消耗也增加。1小时的锻炼至少有8大块肌肉参与工作（3组或3组以上），需要利用的热量超过500千卡，仅5次训练课消耗掉近0.5千克脂肪的热量

通过节食和服用减肥药能迅速减轻体重，这并不利于健康，并且皮肤会变得松弛。而力量练习不仅能达到减轻体重的目的，还可以使皮肤保持弹性，但这种锻炼效果并非一日之功，应根据自己的年龄和当前的身体状况，需12个月或更长时间有计划的有氧练习、肌肉力量和耐力练习以及合理的饮食，才会明显地减少体脂，皮肤才有足够的时间恢复弹性。所以，有规律地锻炼和合理的饮食比节食减肥更有利于健康。

研究表明，有计划的力量练习可以改善骨骼的状况，因为女子骨骼无机盐含量较少，骨密度厚度较薄，并且女子丢失钙的速率比男子快。力量练习可以防止钙的丢失以及推迟骨质疏松症的发生。

力量练习还可以加强关节周围肌肉的力量，防止肌肉、肌腱和韧带的损伤。困扰许多中老年人的腰痛病，可以通过增加腰部和背部伸肌的力量和柔韧性而得到缓解。

2. 增强肌肉力量和耐力的生理学基础

人体有400~600块骨骼肌，通过肌肉的收缩和舒张，人体得以进行多种运动和维持各种优美的姿势。骨骼肌可协助调节体温，如在寒冷环境里打冷战而获得肌肉产生的热量。

一般来讲，增强肌肉力量练习的同时也会增加肌肉耐力。然而，在发展肌肉耐力的练习中，肌肉力量的增加则不明显。所以说肌肉力量和耐力既有联系，又有区别。

1）肌肉的结构和收缩

（1）肌肉的结构

肌细胞是骨骼肌的主要结构单位，其外形纤长，故又称肌纤维。一块骨骼肌由大量肌纤维组成，肌纤维构成肌肉主体。肌纤维充满着平行排列的肌原纤维，肌原纤维是肌纤维的收缩单位，它是肌肉中的收缩成分，其功能是通过收缩产生力量。肌纤维外面包裹着结缔组织，称之为筋膜，肌纤维凭借筋膜联结起来，并且与周围组织分开。

肌原纤维由粗丝和细丝两种肌丝构成。肌肉的缩短或伸长是由于粗丝和细丝间的互相滑动而得以实现，但肌丝本身的结构和长度不变。肌肉与骨骼相连的致密结缔组织，称之为肌腱，它是肌肉中的弹性成分，在肌肉收缩过程中起着重要的作用。

（2）肌肉收缩

在正常情况下，肌肉收缩是由神经冲动引起的，脊髓中运动神经元发出的神经纤维支配全身肌肉，运动神经纤维与肌纤维相接合的点称之为神经-肌肉接头。每一个肌纤维都接受来自脊髓的运动神经元的支配。一个运动神经元连同它的全部神经末梢所支配的肌纤维，从功能上看是一个肌肉活动的基本功能单位，故称为运动单位。

肌肉的收缩是由运动神经以冲动形式传来的刺激引起的，即冲动经神经肌肉接头传递至肌纤维内部，引起细丝和粗丝的相互滑动，产生肌肉收缩。理论上讲，去掉肌肉的神经纤维，肌肉则不能产生收缩，但实际上肌肉偶尔也会出现不自主的持续性收缩，称之为痉挛。

2）肌肉的收缩形式

肌肉收缩时，会产生张力和长度的变化。根据肌肉收缩时长度和张力变化的特点，把肌肉收缩分为等张收缩和等长收缩两种。

（1）等张收缩

又称为动力性收缩。大多数情况下身体的锻炼依赖于等张收缩。如哑铃的肘弯举就是肱二头肌的等张收缩。等张收缩又可进一步分为向心收缩、离心收缩和等动收缩。

① 向心收缩指当肌肉收缩时所产生的张力大于外加阻力（负荷）时，肌肉缩短，牵拉它附着的骨杠杆做向心运动。向心收缩是人体得以实现各种加速运动的基础，如屈肘、高抬腿和挥臂等。

② 离心收缩指当肌肉收缩时所产生的张力小于外力时，肌肉虽积极地收缩但仍被拉长。离心收缩在实现人体运动时，起着制动、减速和克服重力等作用。如在抓举的下蹲动作阶段，股四头肌和臀大肌产生拉长收缩，克服重力作用，使下肢进行缓慢地屈曲运动。

③ 等动收缩指在整个关节运动范围内，肌肉以恒定速度（称等动）进行的最大收缩。它也是运动中常见的收缩形式，如自由泳中的手臂划水动作。等动收缩的速度可根据需要加以控制，在日常训练中，等动收缩的实现需要专门的器械。器械中最基本的装置是速率控制器，它是通过调整肌肉对抗阻力来控制肌肉收缩速度。

（2）等长收缩

当肌肉收缩产生的张力等于外力时，肌肉虽积极收缩，但长度并不变化，这种收缩称为等长收缩。等长收缩时，肌肉的张力可发展到最大，但没有位置的移动。等长收缩通常起着支持、固定和保持某一姿势的作用，如站立、悬垂和支撑等。

3）决定肌肉力量和耐力的因素

（1）肌肉生理横截面积

肌肉的力量与肌肉的生理横截面积成比例。肌肉生理横截面积的大小取决于肌纤维的数量、每条肌纤维的横径和肌纤维的排列方向。肌肉力量主要取决于肌肉的生理横截面积，即生理横截面积愈大，肌肉的力量越大。力量练习可以增大肌肉生理横截面积，这种增大是通过肌原纤维数量增多、增粗而使肌纤维增粗，故又称肌原纤维型功能性肥大。

（2）中枢神经系统发放冲动的强度和频率

中枢神经系统可以通过改变发放冲动的强度和频率来改变肌肉收缩力量，它发放的冲动和频率越强，支配肌肉的运动神经元同时兴奋的数目就越多，即参与工作的运动单位越多，则肌肉收缩的力量也就越大。负重练习早期阶段力量的增长主要归功于神经肌肉系统效率的增加。实验证明，优秀运动员在最大用力时，神经系统可动员90%的肌纤维参与工作，而一般人最大用力时只能动员60%的肌纤维参与工作。

（3）生物力学因素

① 肌肉的长度

研究证明，一个人力量的大小取决于肌肉的体积，肌肉体积的发展潜力又主要依赖于人体肌肉的长度（指肌肉两端肌腱之间的长度）。例如，现有两人，一人的肱三头肌长20厘米，另一人为30厘米，后者长度是前者的1.5倍，肌肉力量的潜力是前者 $1.5^3=3.375$ 倍。肌肉长度主要受遗传因素的影响，这对运动员科学选材是很重要的。当然，一些药物也可以增加肌肉的体积，但对健康的危害性很大。

② 肌肉收缩的长度——张力关系

肌肉收缩的长度张力关系是指肌肉收缩前的初长度对肌肉收缩时产生的张力影响。如果收缩前就给予肌肉一定的负荷（称为前负荷），使肌肉拉长以改变其初长度，随着前负荷的增大，肌肉的初长度逐渐增加，以后肌肉的收缩效果也逐渐增大。若肌肉收缩时初长度已处于缩短状态或过分拉长状态，其收缩效果下降。只有当肌肉收缩时肌肉处于适宜的预先拉长状态，才能发挥最大力量。如踢足球前，先将腿后摆，就是为了取得髂腰肌、股四头肌最佳初长度。

（4）年龄

肌肉力量与年龄有关，力量素质在儿童少年时期随年龄的增长而逐年增强，20～25岁达到最高水平，25岁以后平均每年最大力量下降1%，65岁时只有25岁时力量的60%。肌肉力量、耐力的下降与个体活动水平有明显的关系。坚持力量练习的人既可减缓肌肉力量、耐力的下降趋势，还可减缓体脂随年龄增加的趋势。

（5）过度训练

过度训练对发展肌肉力量和耐力有负面影响，过度训练会引起心理和生理上一系列的消极反应，如练习者往往精神不振、厌倦练习、有疲劳感，甚至可能出现肌肉与骨的损伤。因此，进行适当有效的抗阻练习，安排合理的饮食，可以将过度训练所引起的消极反应降低到最小。

（二）测试知

1. 简易测试法

1）上楼梯测试法

利用楼房或公寓等高度约20厘米的台阶（如图4－23），连续上40个台阶来进行测试。其速度要比平时走路快些，所用时间一般在40～50秒，然后根据自身的感觉来判断，是“轻松”还是“吃力”。若感觉“轻松”，表明肌肉耐力不错，若是“吃力”则表明肌肉耐力较差。

2）腹部肌肉测试法

做仰卧起坐，将膝盖弯曲成90度，请人按住自己的脚（如图4－24），将双手交叉抱于胸前，或者把手放于耳侧，起坐时应让腹部发力，而并非手臂。用力使上身坐起，两肘靠至膝盖处，数一数自己能在30秒钟内做几次，次数越多说明自身的肌肉耐力越强，反之则越弱。

图4－23

图4－24

3）引体向上（中学男生）

目的：测量肩带及两臂的肌肉耐力。

使用器材：高单杠或高横杠。

方法：受试者双手正握杠（如图4－25），与肩同宽或悬垂姿势，引体向上至下颌超过杠面，每上引1次要回复至双臂伸直的悬垂姿势。完成正确动作的次数即为测量成绩。

注意事项：引体时受试者不得摆动身体、屈膝、蹬腿，违例动作不予计数。

图4－25

2. 仪器测试法

1）握力指数测试

目的：测量前臂及手部屈肌力量。

使用器材：握力计。

方法：根据受试者手的大小，调节握力计握把的间距至感觉合适为宜。受试者手持握力计，指针向外，以最大力量紧握握力计并读数记录，左右手交替各测2～3次，或只测有力手，择优记录测量值。绝对力量为实测值，相对力量指实测值（千克）与自身体重（千克）之比。

要求：测试过程中，受试者用力时不准曲臂、挥臂、弯腰或持握力器的手触身体其他部位。受试者测试前应将把柄距离调至便于发力的位置。

2）背肌力测试

目的：测量躯干背伸肌力量。

使用器材：背力计。

方法：测量前，先将背力计指针拨到零位。受试者站于背力计踏板上，足跟并拢，足尖略分开，双手紧握背力计把柄，两腿伸直，上体前倾30°，或将背力计把柄调至齐膝关节水平，然后用最大力量抬起上体拉背力计。绝对力量为实测值，相对力量指实测值（千克）与自身体重（千克）之比。

注意事项：测试前受试者需适当地做准备活动，以免腰部受伤；上拉时不得屈膝、屈臂或身体后倒。通常拉力指数正常值：男性为105%～200%，女性为100%～150%。这里要注意的是，此测试方法易引起腰痛患者症状加重，不宜用于腰痛患者或老年人以及骨质疏松患者。

要求：测试前应做好充分的一般准备活动和专项准备活动，以免拉伤肌肉。测试时，上拉背力计时不得屈膝、屈臂或身体后倒。

（三）评价知

1. 男生握力评价标准

评价：用高差法或百分位法制定五级评价标准，分性别、年龄进行评价，见表4－8。

表4－8　男生握力评价标准

握力		优	良	中	下	差
相对力量	右手	1.26 及以上	1.13～1.25	0.92～1.12	0.77～0.91	0.73 及以下
	左手	1.2 及 3 以上	1.12～1.22	0.90～1.11	0.78～0.89	0.75 及以下
绝对力量（千克）	右手	50.5 及以上	46.0～50.0	38.5～45.5	31.5～38.0	31.0 及以下
	左手	48.0 及以上	43.0～47.5	35.0～42.5	43.0～34.5	29.0 及以下

注：绝对力量为实测值，相对力量指实测值（千克）与自身体重（千克）之比。

2. 男生背肌力评价标准

评价：男生背肌力评价标准见表4－9。

表4－9　男生背肌力评价标准

等级	成绩	成绩
	相对力量	绝对力量（千克）
优	2.49 及以上	125 及以上
良	2.17～2.48	109～124.9
中	1.95～2.16	98～108.9
下	1.65～1.94	83～97.9
差	1.64 及以下	82.9 及以下

注：绝对力量为实测值，相对力量指实测值（千克）与自身体重（千克）之比。

3. 中学生男生引体向上、女生仰卧起坐评分标准

评价：参照《国家体育锻炼标准2014版》，详见表4－10。

表4－10 男生引体向上、女生一分钟仰卧起坐单项评分表

等级	单项得分（分）	高一（次）	高二（次）	高三（次）	高一（次）	高二（次）	高三（次）
		男（引体向上）			女（一分钟仰卧起坐）		
优秀	100	16	17	18	53	54	55
	95	15	16	17	51	52	53
	90	14	15	16	49	50	51
良好	85	13	14	15	46	47	48
	80	12	13	14	43	44	45
	76	11	12	13	39	40	41
	64	8	9	10	27	28	29
	60	7	8	9	23	24	25
不及格	50	6	7	8	21	22	23
	20	3	4	5	15	16	17

（四）提高知

1. 肌肉力量、耐力练习的原则

1）渐增阻力原则

渐增阻力原则是超负荷原则在肌肉力量、耐力练习中的应用。尽管超负荷原则与渐增阻力原则可以相互替换，但在力量练习中，更常用渐增阻力原则。渐增阻力原则指肌肉力量、耐力因超负荷训练而增加，但由于力量、耐力的增长，原来的超负荷则变成非超负荷或低负荷。此时如果不增加负荷，则力量、耐力就不能增长，因此力量练习必须遵循渐增阻力原则。

2）专门性原则

力量、耐力练习中要充分考虑不同的运动项目和专项力量、耐力的需求程度。首先，得到锻炼的肌肉应该是在耐力和力量方面需要改善的肌肉，如腰痛，就应该增强腰部肌肉力量，若锻炼上肢力量则对腰痛的缓解没有多少益处。其次，提高肌肉的力量和耐力应采用不同的运动强度。大强度运动（举重物时仅能重复4~6次）能增加肌肉的力量和体积，但不能增加肌肉的耐力。采用低强度重复次数多的练习（能举轻的负荷15次或者更多）可提高肌肉的耐力，而肌肉的力量增加不明显。

3）系统性原则

根据用进废退的原理，力量练习应全年系统地安排。研究表明，练习频率高、肌肉力量增长很快者，停止练习后消退也快；而练习频率较低、训练时间较长、肌肉力量缓慢增长者，力量保持的时间则相对较长。

许多研究结果显示，每周进行 3～4 次的力量练习，可使肌肉力量明显增长。

2. 负重练习的类型

根据肌肉收缩的类型，力量练习可划分为：等张练习、等长练习和等动练习。

1）等张练习

肌肉以等张收缩的形式进行负重或不负重的动力性抗阻练习，称为等张性力量练习或动力性练习。等张练习是最常用的力量练习法。等张练习能有效地发展动力性力量，改善神经肌肉的协调性。但不足之处是在整个动作过程中不能保证肌肉每一次收缩的负荷都相等，容易造成在某些关节运动角度上肌肉负荷不足，因此只能按照力量最弱的关节运动角度来安排负荷，所以在整个练习中负荷往往偏小。

2）等长练习

肌肉以等长收缩的形式使人体保持某一特定位置或对抗固定不动的阻力练习，称为等长性力量练习或静力性练习，它能有效地发展静力最大力量和静力耐力。

等长力量练习与等张力量练习主要有两个方面的区别：第一是等长力量的发展是高度特异性的，如果采用等长练习来发展某一特定动作的力量，可能在动作的所有范围内的某几点上进行不同的等长性练习，而等张练习在整个动作的关节运动范围内肌肉力量都能得到发展。其次，大强度等长练习中，由于血液循环条件不良和憋气等影响，大脑血流量减少，容易引起头昏眼花等不良反应。

3）等动练习

等动练习是借助于专门的等动训练器在动力状态下完成练习的方法。在整个练习中，关节运动在各个角度上均受到相同的较大负荷，从而使肌肉在整个练习中均能产生较大的张力。

等动练习是相对比较新的力量练习方法，可以使肌肉在所有范围内得到训练，能在较短时间内明显提高肌肉力量，特别适合于游泳运动员在陆上进行力量训练。等动练习的不足之处是其速度会受到控制，因此限制了爆发力的发展和很难适应大多数专项技术的要求。

3. 影响肌肉力量、耐力练习效果的若干因素

负重抗阻练习是增强肌肉力量的基本手段，而肌肉力量练习的效果又与训练中的多种因素有关。

1）最高重复次数（RM）和组数（SET）

在力量练习中常用 RM 来表示运动强度，而不是用心率来加以推测。负重力量练习的持续过程不是用时间单位来表示，而是用组数（SET）来说明。

（1）RM（Repetition maximum）是表示能重复的最高次数，即进行某一重量的练习时，用一次连续练习的最大重复次数来衡量负荷的大小。如果练习者对该重量只能连续举起 6 次，则该重量对练习者来说是 6RM。如果重量轻，可以连续举起 15 次，则该负荷为 15RM。可见，RM 仅代表能最大重复多少次的重量，而不反映重量的绝对值。

（2）SET 是指一次无间歇最高重复次数的练习，称为一组。如练习者对某一重量只能连续举起 10 次，那么 10 次就算一组。组数的多少受多种因素的影响，练习目的不同，练习的组数可有差异，一般认为一次练习可在 3 ~ 6 组。

根据渐增阻力原则，随着力量增大，对某一重量的重复次数也增加。例如，肌肉力量的运动处方为 3SET、16RM，经过一段时间的训练后力量增加，该重量的重复次数达到 18RM，就应增加练习重量。增加练习重量取决于练习者的情况，一般增加当前重量的 10% 左右。

研究表明，进行 3SET、6RM 的负荷能有效地增加肌肉的力量。改善肌肉耐力一般采用 4 ~ 6SET，18 ~ 20RM。

增加肌肉耐力的途径有二：在其他条件不变的情况下，不断增加最高重复次数；最高重复次数保持不变，增加重量。后者也可增强肌肉的力量。

2）每组练习的间隔时间

力量练习各组间的间隔时间，一般以肌肉能完全恢复为准。肌肉在练习后的 3 ~ 5 秒时已恢复 50%，2 分钟时完全恢复。如果练习目的是增强肌肉的力量，练习的间隔时间不太重要，一般在 1 分钟左右；如果是为了增加肌肉的耐力，在 6 ~ 8 周训练中，练习的间隔时间应从 2 分钟逐渐减少到 30 秒钟。

3）每次练习的间隔时间

如果是进行全身的肌肉练习，每隔一天进行练习会获得最佳的锻炼效果。倘若休息时间较短，身体不能完全恢复，锻炼效果也会较差。假如，每天坚持力量练习，应训练不同的肌肉群。例如，星期一、三、五练习上肢力量，星期二、四、六练习下肢力量。但应注意恢复时间不能过长（4 天或 4 天以上），否则，练习获得的力量和耐力便会消退。

4. 制定发展肌肉、耐力的计划

负重练习应有短期和长期的目标，确定目标对保持锻炼的兴趣和热情非常重要。关键在于设置的短期目标应在最初的几周练习中能够达到，这可以激励自己进一步实现长期目标训练。

1）制定运动处方

力量练习的运动处方分为三个阶段：开始阶段、慢速增长阶段和保持阶段（见表4 - 11）。

（1）开始阶段

在计划的开始阶段应避免举过大的重量。过大的重量会增加肌肉和关节损伤的危险性；采用较轻的重量（最高重复次数为 12 ~ 15 次的负荷），不会使肌肉产生过度疲劳。如果原来选定的重量能轻松自如地重复 12 次，则可以增加重量；如果练习者不能重复举起 12 次，则说明该重量过大。

根据练习者最初时的力量水平来确定开始阶段持续的时间，一般持续 1 ~ 3 周。初练者的开始阶段可能需要 3 周，有训练过的人只需 1 ~ 2 周。

（2）慢速增长阶段

经过开始阶段的力量练习，如果肌肉已经适应练习动作，就可以增加重量，并能重复举起 6 ~ 8RM。当肌肉力量进一步增强时，可再增加重量，直至达到练习者预定的目标为止。此阶段的练习一般为每周 3 次，每次练习为 3SET、6 ~ 8RM。

（3）保持阶段

根据用进废退的原理，如果停止练习，获得的力量会自然消退。保持阶段力量练习的强度应比获得阶段小。研究表明，力量增长后，每周 1 次的练习即可保持原增长水平。若不训练，30 周后原增长水平完全消退。

表 4 - 11　力量练习的运动处方

时间（周）	阶段	频率（次/周）	数量（组）	最高重复次数（次）	负荷
1 ~ 3	开始	2	2	15	15RM
4 ~ 20	慢速增长	2 ~ 3	3	6	6RM
20+	保持	1 ~ 2	3	6	6RM

注：1. 开始和慢速增长阶段练习者应根据自己初始力量水平在各个方面做适当调整。2. 表 4 - 11 选自 Powers，s. k. Total Fitness，1999。

2）力量练习的注意事项

（1）力量练习的安全要诀

① 当运用杠铃进行力量练习时，必须有同伴的帮助才能完成练习，以防在不能完成练习的情况下，得到同伴的保护。

② 固定牢练习用的杠铃，以防其滑落砸伤身体。

③ 在进行负重练习之前应充分做好准备活动，防止练习中遭受损伤。

④ 在进行负重练习时，如果感觉到任何尖锐的刺痛，应立即停止练习。

⑤ 在进行负重练习时，应尽量避免憋气。举起阶段呼气，放下时吸气，可采用口和鼻呼吸。

⑥ 在是采取快速还是慢速举起重量能获得更大力量的问题上仍存在着争议，但慢速举起重量可以减少受伤的可能性，而且，慢速举起重量既可增加肌肉体积，也可增强其力量。

（2）准备活动和放松活动

人体就像大多数机器一样，刚启动时无法达到最高的效率。要使肌肉充分发挥功能，并避免造成伤害，就需要提前热身。即使是体能状况良好的人，如果猛然迫使肌肉拉伸或收缩，也有可能受伤。负重练习的准备活动一般包括 4 ~ 5 分钟的慢跑、6 ~ 8 分钟的拉伸活动和 3 组 15 ~ 20RM。如果练习者打算举最大重量，还应增加准备活动的组数。

放松活动常包括走动和伸展运动，旨在让身体在几分钟内逐渐冷却下来。适当的放松活动，可以使血液持续地流经肌肉，并将肌肉细胞内堆积的乳酸通过血液循环被带到肝脏后而分解。如果突然中断运动，留在肌肉内的乳酸可能会引起身体肌肉痉挛，也可能会使肌肉在以后的几天中更加疼痛。放松活动一般持续 4 ~5 分钟即可。

(3) 完成动作的速度

在进行负重练习时，动作还原阶段的速度应比主动用力阶段慢一半。以卧推为例，如果举起的动作用1 秒钟，放下还原阶段就要用 2 秒钟，这样可使一次负重练习得到二次（举起和放下）肌肉锻炼。如果还原阶段简单轻松地放下重量，肌肉就不能在还原阶段又一次得到有效的锻炼。

(4) 练习时的呼吸

在主动用力阶段呼气，在还原阶段吸气。如果练习时呼吸频率太快，就会破坏呼气、吸气的节律性。应避免在主动用力阶段屏住呼吸，屏气会导致回心血量和流入大脑的血流量减少，从而产生头昏眼花的现象。

(5) 安排练习顺序

合理安排练习的顺序可以防止疲劳的发生。应先安排大肌肉群的练习，再安排小肌肉群的练习，其原因是小肌群比大肌群较早产生疲劳。典型的力量练习顺序模式为：①大腿、腰部肌肉；②腿部（股四头肌、大腿后部肌群、小腿三头肌）；③躯干部（背、肩、胸）；④上臂（肱三头肌、肱二头肌、前臂肌肉）；⑤腹部；⑥颈部。

此外，还应注意不要在两个相继的练习中使用同一肌群，以保证肌肉在每次负荷后有足够的恢复时间。

(6) 了解自己的极限

运动要安全，很重要的一点就是留意所出现的警告信号。这些信号往往是运动量过大或身体某部分受伤的反应。有些人为了急于奏效，而竭尽全力，反而遭受伤害。即使运动员也会因过度训练而受到意外伤害。

力量练习的警告信号一般指：锻炼结束后，肌肉有酸痛僵硬感，直到下次锻炼前这种感觉仍未消失。针对性的处理方法为：延长锻炼间隔时间，让肌肉充分恢复。此外，还要做好热身和练习后的放松活动。

5. 肌肉力量、耐力练习的生理适应

1) 力量练习的生理变化

力量练习可以增大骨骼肌体积和增加肌纤维募集数目。肌肉体积的增大的原因主要是由于肌原纤维数量的增多、增粗而使肌纤维增粗。最近也有报告证实，通过大强度的力量练习，肌原纤维数目是可以增加的，有人将这种增加称为肌原纤维数量性肥大，但数量性肥大在骨骼肌体积增大中的作用仍存在争议。

力量练习导致骨骼肌体积增大主要取决于饮食、肌纤维类型（快肌纤维的肥大比慢肌纤维明显）、血睾酮水平和力量练习的种类等因素。

知识拓展：营养与体能、健康的关系。

举重练习者在饮食中需要摄入大量蛋白质吗？一些竞技运动员和健美运动员相信，蛋白质中所含的氨基酸可以使人体的肌肉更强健，因而他们额外服用蛋白质补剂。但人体能利用的蛋白质非常有限，因此这些努力可能是枉费心机。大多数含有氨基酸的补充剂并不能促进肌肉的生长和发育，只有精氨酸和鸟氨酸这两种氨基酸，确实能刺激生长激素，进而促使肌肉生长，但必须大剂量服用才有效，然而，这对人体的健康有害无益。

大多数人，甚至运动员和健美练习者，所吃的蛋白质都超过人体所能利用的量。过多的蛋白质会在肝脏中被分解，并随尿液排出体外，有些则变成脂肪储存在体内。研究表明，一般人每天饮食中摄取蛋白质的量足以确保获得最大的锻炼效果。因此，锻炼者无须额外补充蛋白质。

力量练习对心肺功能的改善不明显，但有规律的力量练习对身体的组成成分和柔韧性的改善有积极的作用。对大多数人来说，严格的力量练习可以增加骨骼肌的体积和减少身体的脂肪。如果在力量练习中，锻炼者尽可能加大关节的活动范围，关节的柔韧性也可以得到改善。

2）负重练习后力量增加的快慢

力量增加的快慢取决于锻炼者开始力量练习时的水平，未经练习的人经负重练习后力量的增长比中等训练水平的人要快（如图4－26）。这无疑增强了初练者对力量练习的信心。

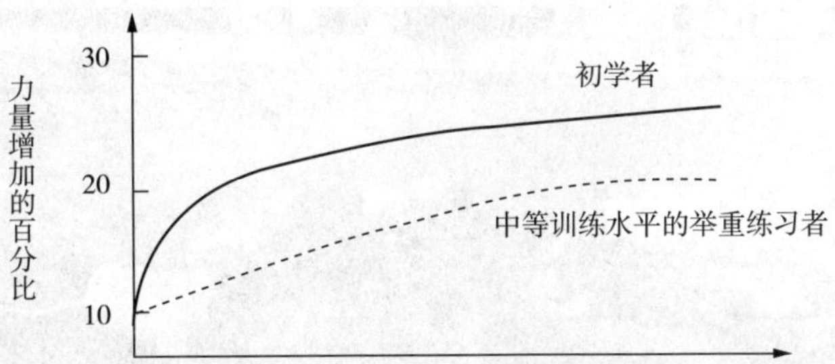

图4－26

3）力量练习反应的性别差异

肌肉的力量、耐力对男子和女子都同样重要，但许多女子由于担心力量练习会造成发达的肌肉块，而不敢进行肌肉力量、耐力的练习。其实，这种担心并没有科学依据。一般来说，女子通过负重练习是不会获得明显的肌肉块的。

男子、女子力量练习反应效果的基本差别在于肌肉的肥大程度。尽管力量的改善程度相同，但女子肌肉的围度增加远远小于男子。这是因为肌肉的功能性肥大取决于睾酮水平，尽管女子体内也含有睾酮，但其含量非常少（男子是女子的20～30倍）。如果女子体内睾酮水平很高也就会表现出男性特征，如长胡须、体毛增多、声音低沉等，并具有发展肌肉块的潜力。睾酮对合成代谢和组织生长有很强的作用。

采取常规的负重练习12周，以力量增加的百分比为标准，女子力量增加明显大于男子，但不一定伴有明显的肌肉肥大，但是力量的增加达到高原期。若继续进行力量练习，力量增加则不明显。但在长期负重练习后，男子的肌肉体积增加大于女子。

6. 肌肉力量耐力练习方法

体操练习法也是一种行之有效的肌肉力量、耐力的训练方法。它可以借助自身重量并把四肢作为阻力来发展肌肉的力量和耐力，同样它还可以提高柔韧性，这是因为肢体本身的力量就可以使肌肉伸展到最长。如果练习者锻炼时有足够的强度和持续时间，心血管和呼吸系统的耐力也会得到相应提高。下面介绍的体操练习法都是针对专门的肌肉群设计的。如果完成了所有这些练习，则身体绝大部分肌肉群无论在耐力、力量和柔韧性等方面都会得到锻炼和提高。练习者可以根据自己的节奏进行练习。节奏越快，对心肺的压力也就越大，因此，练习者应尽快完成动作，并使两个练习方法之间的间隔时间缩短，这会收到满意的锻炼效果。

1）平板支撑练习

练习功能：主要发展核心肌群力量及躯干的稳定性和平衡性（如图4－27）。

场地器材：瑜伽垫。

图4－27

练习方法：练习者双肘弯曲支撑于地面上，肩膀和肘关节垂直于地面，双脚脚尖支撑于地面，双腿稍微分开，身体离开地面，躯干平衡于地面，头部、肩部、胯部和踝部保持在同一平面。

练习要求：练习者腹肌收紧，盆底肌收紧，脊椎延长，眼睛看向地面。

练习指导：指导练习者在练习过程中将注意力放在腹部和腰部，一旦塌腰就应停止，脚尖不要有后蹬力动作，不要屏息，保持均匀呼吸。每组练习保持 0.5 ~1 分钟。

拓展练习 1：如果练习者难以完成此动作，可将双脚支撑改为双膝支撑。

拓展练习 2：练习者保持平板支撑姿势，一侧手臂抬离地面并前伸，与躯干保持同一平面，保持 3 秒后交换手臂继续进行练习。练习时需注意保持身体的稳定性。

拓展练习 3：练习者保持平板支撑姿势，一只脚抬离地面并向上（侧）悬空，保持 3 秒交换脚继续进行练习。练习时需注意保持身体的稳定性。

拓展练习 4：2 名练习者保持平板支撑姿势相隔约两臂距离，用 1 只手相互干扰对方。

拓展练习 5：双臂俯撑，双脚脚尖支撑于地面，以双脚或以双手为圆心，双手或双脚向左或向右移动画圈。

2）侧桥支撑练习

练习功能：主要发展核心肌群力量及躯干的稳定性和平衡性（如图 4 -28）。

场地器材：瑜伽垫。

图 4 -28

练习方法：练习者侧卧身体，双腿并拢，一只手臂屈肘撑起身体，大臂与地面垂直，另一只手臂紧贴侧腹部，躯干伸直，头部、肩部、胯部和踝部保持在同一平面。

练习要求：练习者腹肌收紧，盆底肌收紧，脊椎延长，眼睛看向前方。

练习指导：指导练习者在练习过程中髋部不要下塌或上顶过高，不要屏息，要保持均匀呼吸。每侧练习保持 0.5 ~1 分钟。

拓展练习 1：如果练习者难以完成此动作，可将脚支撑改为膝支撑。

拓展练习 2：练习者保持侧桥支撑姿势，将非支撑手臂或非主要支撑腿抬起或将非支撑手臂与同侧腿同时抬起，加大不稳定性因素，进而加大难度进行练习。

拓展练习 3：练习者保持侧桥支撑姿势，进行非主要支撑腿的脚向前或向后触地练习，或将非主要支撑腿的脚向前后再向后触地作为一个完整动作进行练习。根据练习者的能力安排练习次数。

拓展练习 4：练习者保持侧桥支撑姿势，侧边卷缩腹斜肌，当身体即将触到地面时，保持身体不动，然后返回起始位置。

3）背桥支撑练习

练习功能：主要发展核心肌群力量及躯干的稳定性和平衡性。

场地器材：瑜伽垫。

练习方法：练习者仰卧于瑜伽垫上（如图 4－29），小腿弯曲与地面垂直，双脚稍微开立，双手臂置于身体两侧并贴于地面，双肩和头撑地，臀部上挺，使身体成一条直线后停顿。

图 4－29

练习要求：练习者臀部收紧，躯干伸直，与大腿保持在同一平面。

练习指导：指导练习者不要屏息，保持均匀呼吸。每侧练习保持 0.5～1 分钟。

拓展练习 1：练习者两手臂交叉放于胸前或双脚脚尖立起练习以上动作，或两手臂交叉放于胸前的同时做双脚脚尖立起动作。

拓展练习 2：以右腿做动作为例，练习者保持背桥姿势，左腿支撑，右腿伸直后再回到起始姿势。左腿练习相同。

拓展练习 3：以右腿做动作为例，练习者保持背桥姿势，左腿支撑，右腿屈膝抬起，膝关节尽量向胸部贴近，然后回到起始姿势。左腿动作相同。

拓展练习4：在做动作时，可在肩部下方放置平衡气枕进行该练习，以加大难度。

4）臂屈伸

练习功能：发展肩关节力量和肩关节活动范围（如图4－30）。

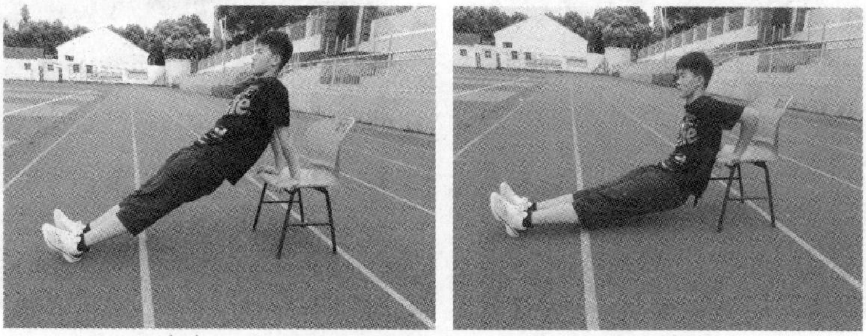

（a）　　　　　　　　（b）

图4－30

发展的肌肉：肱三头肌、斜方肌。

重复次数：初练者7次，中级水平者12次，有高级水平者18次。

要点：准备姿势肘关节伸直，上体挺直，下落时臀部触地，而后撑起。

5）肢体旋转

目的：加强腹内、外斜肌的力量（如图4－31）。

发展的肌肉：腹内、外斜肌。

重复次数：初练者每方向旋转10次，有经验者每方向旋转20次。

（a）　　　　　　　　（b）

图4－31

要点：下肢从一侧旋转到另一侧直到膝触地。

注意：此练习方式只适合于有较强腹部力量的锻炼者。

6）骑“自行车”

目的：加强髋部力量，使下背部肌肉得到伸展。

发展的肌肉：髋腰肌（如图4－32）。

重复次数：初练者每条腿练习10次，中级水平者练习20次，有高级水平者练习30次。

要点：双腿交换弯曲、伸展好像在骑自行车一样。

7）侧卧举腿

目的：加强髋部外展肌的力量（如图4－33）。

图4－32

图4－33

发展的肌肉：髋部外展肌群。

重复次数：初学者每条腿举10次，中级水平者举15次，有高级水平者举20次。

要点：髋关节、膝关节、踝关节保持伸直，尽可能高举，缓慢地还原。

8）侧卧提腿

目的：加强髋部内收肌群的力量（如图4－34）。

（a）　（b）

图4－34

发展的肌肉：髋部内收肌群。

重复次数：初学者每条腿提腿10次，中级水平者提腿15次，有高级水平者提腿20次。

要点：膝关节不能弯曲，练习腿尽量高抬，缓慢地还原。

8）蹲起练习

练习功能：主要发展下肢力量（如图4－35）。

图4－35

场地器材：无。

练习方法：练习者两脚左右站立略宽于肩，两眼平视前方，屈膝下蹲至大腿与地面平行或稍低，静止数秒后，大腿和臀部用力使两脚蹬地，使身体恢复到直立。

练习要求：练习者在练习过程中背部要平直，膝关节和肩关节不超过脚尖。

练习指导：指导练习者根据练习者的能力逐渐下蹲，每组做20次，不可过度加大难度。

拓展练习1：练习者在练习过程中双手放在后脑勺上。

拓展练习2：练习者在练习过程中双臂伸直上举或双手握木棍，木棍要始终保持在双脚上方，不能往前或往后伸。

拓展练习3：可站在平衡半球上进行该练习，但要保证动作的正确性。

拓展练习4：2名练习者相对站立，在下蹲时，练习者A的右手握住练习者B的左手，完成动作后起立，练习者A的左手握住练习者B的右手为1次练习，重复此练习。

10）屈膝弓箭步

练习功能：主要发展下肢力量（如图4－36）。

图4－36

场地器材：无。

练习方法：练习者双脚左右开立成站立姿势。以左弓箭步为例，练习者右脚向左后方后撤一步成弓步动作的同时，右臂弯曲成90°置于胸前；然后返回至站立姿势，做右弓箭步动作，方法相同，方向相反。

练习要求：练习者在练习时身体要保持直立，腹部收紧，眼睛看前方。

练习指导：指导练习者练习时，提醒练习者身体要保持稳定，膝关节不要超过脚尖。每组做10次。

拓展练习 1：练习者在做练习时，向侧方向移动做屈膝弓箭步。

拓展练习 2：前、后、左、右四个方向做弓箭步。

拓展练习 3：可在位于前方的脚下放置一个平衡气枕，做原地屈膝弓箭步练习。

拓展练习 4：弓箭步交换跳练习。

（五）游戏知

1. 上肢力量游戏

1）地面写数字（如图 4－37）

图 4－37

目的：发展学生的上肢肌肉力量和反应能力。

方法：在场地中间画一个区域，学生位于区域内。

在地上写上阿拉伯数字 0～9。游戏开始，学生直臂支撑，听教师喊数字，单数时学生双手按住数字，双数时一手按一个数字。

教学建议：

（1）通过加减乘除报数字增加练习的乐趣。

（2）象限内可以写上字母，亦可写名字等。

2）看谁翻得多

目的：发展学生的上肢肌肉力量与竞争意识。

方法：在场地中间画 1 个直径为 90 厘米左右的圆圈，在圈内放置 50 枚象棋棋子，一半为正，一半为反。学生 4 人一组，直臂支撑，相对 2 人为一队。游戏开始，一方尽量把象棋翻正，另一方尽量翻反，在规定的 1 分钟内翻得多者为胜。

建议

（1）可男女生合作。

（2）双手可交替支撑。

2. 下肢力量游戏

1）齐心协力

游戏目的：增强学生腿部肌肉力量，培养团队协作精神。

游戏方法：将学生分成人数相等的若干组。每组所有的学生围成一个圆，每个人用左（右）脚钩住后一个人的膝盖窝，手搭在前一个人的肩上，形成一个封闭的圆形，按顺（逆）时针方向跳跃转动，比赛中脚勾好不允许散开，散开后须原地勾好再继续比赛，最终以规定比赛时间内移动步数多、犯规次数少的队为胜。

教学建议：

（1）此游戏适合不同年级学生。

（2）可视学生体能增加比赛轮数或比赛时间，可左右脚轮换进行比赛。

（3）也可改变游戏方法。如所有的人围成一个紧密的圆，前面的人坐到后面人的腿上，后面人的手搭在前面人的肩上，规定时间内按顺（逆）时针移动步数多的队为胜。

2）同舟共济

游戏目的：锻炼学生腿部肌肉力量，培养团结协作精神。

游戏方法：将学生分成人数相等的若干组（如图4－38），每组选派2名学生移动绳子，其余的学生手挽着手排成一排，双脚踩在绳上，组员一起重复喊1、2口令。喊1时起跳前移绳子，喊2时落地同时双脚踩在绳上，若双脚或单脚未踩在绳子上即为犯规，每犯规一人记一次，最后以到达终点时间短，累计犯规人数少的队为胜。

教学建议：

（1）此游戏适合中高年级学生。

（2）可视学生体能增加比赛的距离或竞赛轮数。

（3）可用废纸、旧纸板、彩带或条幅等连成长条代替绳子比赛。

（a）　　（b）

图4－38

3）你跳我触

游戏目的：增强学生小腿、脚掌和踝关节力量，培养团队协作精神。

游戏方法：将学生分成人数相等的四组，每组 4 ~ 5 人。跳队每人从起跳线后跨跳一步单脚着地站立，若跨跳者手触地或双脚着地则视为失败而被淘汰，跨跳成功的组员相互帮扶站立。触队选一人单脚着地于起跳线后在其他队员的帮助下，用手去触任何一位跨跳者的身体任何部位（如图 4 - 39）。若触到，则交换触跳方；若未触到，则跳队成功者向后以双脚立定跳远的方式，用同跨跳相同的步数跳回，能跳过起跳线的为成功，可晋级多跳一步，否则为失败而被淘汰。跳队成功晋级者可继续比赛，直至所有跳队成员均失败时即可交换触跳双方。

图 4 - 39

教学建议：

（1）此游戏适合中高年级学生。

（2）可视学生体能设置晋级的步数或距离，优先完成组获胜。

3. 球类力量练习

1）仰卧传排球

游戏目的：发展学生的腰腹肌力量，提高身体的协调性。

游戏准备：在平整的场地上，根据学生人数均等摆放 4 组小体操垫。

游戏方法：同组学生，面向同一个方向，坐撑于垫子之上。游戏开始，最前面学生双脚夹住一个排球，收腹、举腿、折叠身体、两腿尽力后举，将球交于第 2 名学生脚上，依次向后传递，待最后一名学生接球后，收腹举腿折叠身体，将球交于自己的手中，然后抬起上体，尽量前倾，将球传到前面学生的双手中（如图 4 - 40）。以此类推，把球传回，速度快的小组为胜。

游戏规则：

（1）要从身体的正上方传接球，不准从体侧传接球。

（a）（b）（c）（d）

图 4－40

（2）如果传接球时球掉落，从失误的学生重新开始。

游戏建议：

（1）为了提高锻炼效果，可以要求学生缓慢放腿。

（2）注意垫子摆放的距离，及学生坐在垫子上的位置。

2）蜈蚣运足球

游戏方法：在五人制的场地内，将学生分成 5 人一组，成一纵队坐在地上。第一名学生两脚分开坐在地上后，第二名学生坐其双脚内侧，将第一名学生的两条腿放置在自己的大腿上，第三名亦是如此，以此类推；之后除排头外每人怀里放置一个足球，将其运到终点线后，放在指定位置；之后 5 人手拉手跑回起点，速度快的组获胜。

游戏建议：学生在练习前应充分做好腕关节、肘关节和肩关节的准备活动，防止运动损伤。为增强练习的趣味性，可组织高年级学生对此项目练习进行改编，提高学生参与足球游戏的积极性。

3）“螃蟹”足球比赛

游戏方法：在五人制的场地内，将学生分成 5 人一组（2 男、3 女），随机挑选 4 队进行比赛，两两对抗。每队用手和脚将身体支撑在地面上，成仰卧的姿势形如螃蟹。从场地的中央开球，不设守门员，利用双脚的传接球配合进行比赛（如图 4－41）。

图 4－41

游戏建议：为增强螃蟹足球的难度，体育教师可规定攻或防守战术，一方面可提高学生间的配合意识、增强技战术水平，另一方面则是提升学生的上肢力量。

第五章　中学生运动体能

一、灵敏性

（一）身体知

1. 灵敏性的概念

灵敏性是一种复杂的运动综合素质的体现，是指身体或身体的某一部分具有运动方向迅速改变的能力。通常是指以短促的时间开始，并在精确的时间内协调、准确地完成各种复杂动作的能力。短促的时间指的是，从身体姿势发生改变到正式动作发出之前的那一段时间，主要包括力量、反应、速度、爆发力以及协调性等。表现为反应时间的长短、动作的速度、动作的转换、运动方向以及随机应变的能力。灵敏性的关键作用主要体现在一些技巧性强、动作多变以及没有固定动作组合的运动项目中。要想在运动中更好地发挥运动能力，提高运动水平，必须具备较好的灵敏性。

2. 灵敏性的特点

灵敏素质是由运动技能的形成、运动能力的养成以及学习动作的能力组成的，是人体各个系统的能力在体育活动过程中的综合表现。较好的灵敏素质使动作的幅度加大、动作的美感增加，也可以使动作更加流畅、轻松、协调，而且能够加速动作的进度，也有利于技术水平的提高；使肌肉保持良好的弹性，预防肌肉的劳损，减少运动损伤。由此可见，重视灵敏素质的发展，在体育运动中具有非常重要的作用。

3. 灵敏性的分类

依据与运动项目的关系，灵敏性可分为一般灵敏素质与专项灵敏素质两类。一般灵敏素质是专项灵敏素质发展的基础，是运动员在各种运动中，突然变换动作的条件下，迅速合理准确地完成各种动作的能力。专项灵敏素质考察的是运动员在专项运动中，完成专项运动各种动作的速度以及准确性和协调性。它是在一般灵敏素质的基础上，多年重复专项技能和技术环节训练的结果。

如何衡量灵敏素质的发展呢？可以从以下三个方面进行衡量：

（1）具有快速的反应、判断、躲闪、转身、翻转、维持平衡和随机应变能力。

（2）在完成动作时，能自如地控制自己的身体，在任何不同的条件下都能准确熟练地完成动作。

(3) 可以能把力量（爆发力）、速度（反应速度）、耐力、柔韧、协调性、节奏感等素质和技能，通过熟练的动作表现出来。

灵敏素质在不同的运动项目中有不同的表现。例如，球类和对抗性项目要求反应、判断、躲闪、随机应变方面的灵敏素质；体操、武术、健美操等侧重于身体位置迅速改变及空翻转方面所表现的灵敏素质；滑雪、滑冰则对迅速调整身体位置平衡、迅速改变运动方向等方面的灵敏素质提出要求。优美、准确、熟练地完成动作以取得优异成绩，取得比赛胜利是灵敏素质在各项运动中的主要作用。

（二）测试知

1. 立卧撑（10 岁以上男、女生）

目的：考查学生迅速变换体姿和准确协调完成动作的能力。

场地器材：平坦地面，秒表。

方法：让受试者以站立姿势开始，依次完成下列动作；双手在足前撑地，成蹲撑—两臂伸直两腿后伸成俯卧—两腿收回成蹲撑—还原成站立姿势，此为 1 次动作。记录 1 分钟内完成合格动作的次数。

注意事项：俯撑时不要弓背、塌腰。若出现以下错误：两手着地前，腿要后伸；两腿后伸时不成直线；收腿屈膝前手离地；站立不直等情况时，出现一次应减掉一次。

2. 反复横跨（10 岁以上男、女生）

目的：测量快速侧移能力（如图 5－1）。

场地器材：秒表，平坦地面。间隔距离为小学生 1.00 米，中学生 1.20 米。

方法：让受试者屈膝，两脚立在中线两侧，听到“开始”信号后向左或向右跨步，两脚分跨端线，然后回到中线，成开始姿势；再以同样方式向另一侧端线跨步，又再回到中线原来位置。依照此循环往返，每一个循环按完成动作 4 次计算，记 20 秒跨越次数；每人测 2 次，取最好成绩。

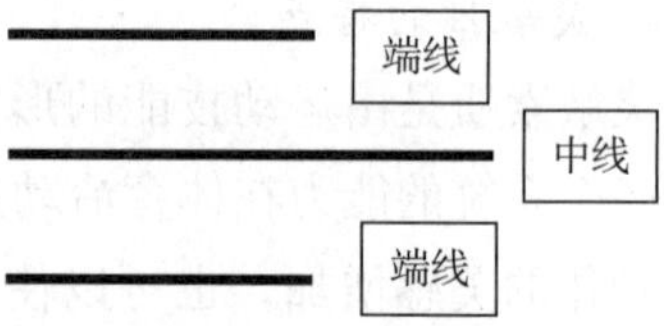

图 5－1

注意事项：跨步时脚踩线不能计数，2 次测验之间应有适当的休息时间。

3. 折线跑（10m×4 往返跑）

目的：测量在快速跑中急停、急起和快速转体变换运动方向的能力。

场地器材：10 米长的直道若干条，在起跑线和终点线向外 0.3 米处各画一条横线。秒表，木块（5 厘米×5 厘米×10 厘米）3 块，其中 1 块放在起跑线 S_1 线外的横线上，另外 2 块放在终点线 S_2 线外的横线上（如图 5－2）。

方法：受试者用站立式起跑，听到“跑”的口令从 S_1 战线外起跑，跑到 S_2 线前面，拿起一木块随即往回跑，跑到 S_1 线前交换木块；再跑回 S_2 线交换另一木块，最后持木块冲出 S_1 线，记录跑完全程的时间。记录以秒为单位，取一位小数，第二位小数非 0 时则进 1。

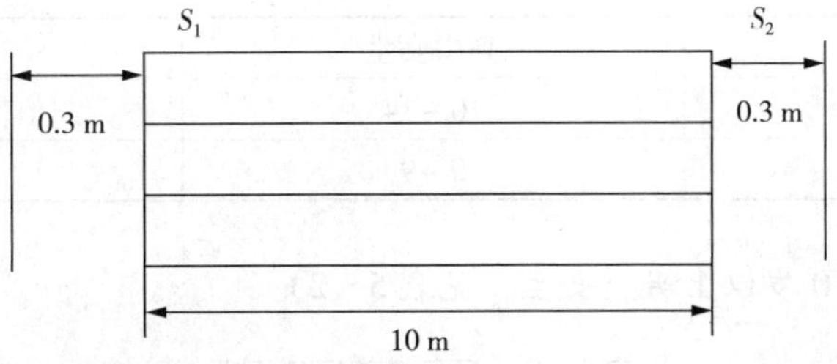

图 5 - 2

注意事项：当受试者取放木块时，脚不要越过 S_1 线和 S_2 线。

4. 象限跳（10 岁以上男、女生）

目的：测量人体在双脚蹦跳时快速改变身体姿势的能力。

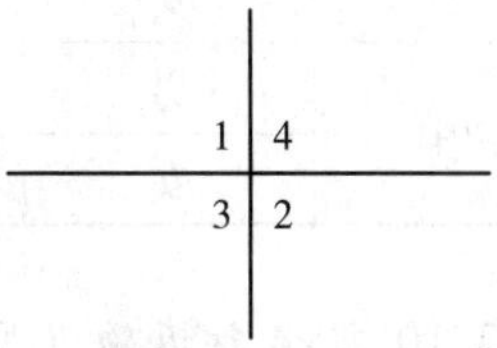

图 5 - 3

场地器材：平坦地面，秒表。测量场地如图 5 - 3。

方法：受试者从起点开始，听到信号依次用双脚跳入 1、2、3、4 “象限”，然后再跳入 1 象限，如此循环往返；跳 10 秒，测 2 次。记录 10 秒内双脚落在正确象限内的次数，取测试的最佳成绩。

注意事项：测试者要累加受试者的错误次数，从总成绩中减去。双脚踩线或踏错象限，每次减半次。

5. T 测试

目的：灵敏性的常用测试

场地器材：皮尺，标志物，平坦地面，秒表，测试场地如图 5 - 4。

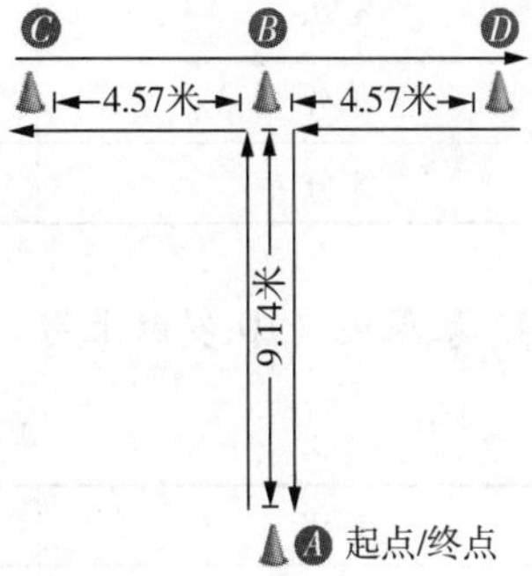

图 5 - 4

方法：从 A 点向前移动到 B 点，用右手触及 B 点标志物；再向左移动到 C 点，用左手触及 C 点标志物；然后向右移动到 D 点，用右手触及 D 点标志物；接着向左移动到 B 点，用左手触及 B 点标志物；最后移动到 A 点。

注意事项：准确触及标志物，动作敏捷。

（三）评价知

1. 立卧撑（10 岁以上男、女生，见表 5 - 1）

表 5 - 1　立卧撑评价标准　　单位：次

等级	高中女生	高中男生
优	30 及以上	33 及以上
良	25 ~ 29	27 ~ 32
中	15 ~ 24	15 ~ 26

（续表）

等级	高中女生	高中男生
下	10 ~ 14	10 ~ 14
差	0 ~ 9	0 ~ 9

2. 反复横跨（10 岁以上男、女生，见表 5 - 2）

表 5 - 2　反复横跨评价标准　　单位：次

等级		优	良	中	下	差
小学	男	46 及以上	39 ~ 45	31 ~ 38	24 ~ 30	23 及以下
	女	46 及以上	39 ~ 45	31 ~ 48	25 ~ 30	24 及以下
初中	男	47 及以上	42 ~ 46	36 ~ 41	32 ~ 35	31 及以下
	女	41 及以上	36 ~ 40	30 ~ 35	24 ~ 29	23 及以下

3. 10 米×4 往返跑（见表 5 - 3）

表 5 - 3　10 米×4 往返跑测验评价标准　　单位：秒

得分	男子	女子
1 分	15. 5 ~ 13. 5	17. 5 ~ 15. 7
2 分	13. 4 ~ 12. 0	15. 6 ~ 14. 0
3 分	11. 9 ~ 11. 2	13. 9 ~ 13. 0
4 分	11. 1 ~ 10. 6	12. 9 ~ 12. 1
5 分	10. 5 及以下	12. 0 及以下

4. 象限跳（10 岁以上男、女生，见表 5 - 4）

表 5 - 4　象限跳评价标准　　单位：秒

等级	高中男生	高中女生
优	33 及以上	31 及以上
良	27 ~ 32	25 ~ 30
中	14 ~ 26	13 ~ 24
下	8 ~ 13	7 ~ 12
差	0 ~ 7	0 ~ 6

（四）提高知

1. 提高灵敏性的手段和方法

1）绕障碍物跑练习

动作方法：每隔 3 ~ 6 米设置障碍物 6 ~ 8 个，然后快速绕障碍物跑。

练习负荷：一组3~4次，重复3~4组，间歇为30秒。

练习目的：提高学生在跑动中绕障碍的能力。

进阶练习：可以将障碍物的间距缩小，增加障碍物的数量。

注意事项：教师根据学生的能力确定障碍物的距离和数量。

2）臂绕环练习

动作方法：两臂上举，一臂向前绕环，另一臂同时向后绕环，连续做10次后交换。

练习负荷：每组1~2次，重复2~3组，间歇3~4分钟。

练习目的：增强学生肩关节的灵敏性。

进阶练习：增加次数和组数。

注意事项：手臂伸直，不能弯曲。

3）双人摸肩

动作方法：两人一组，面对面距离1米站立，设法摸到对方的肩膀，又不要让对方摸到自己的肩膀。

练习负荷：每组1~2次，重复2~3组，间歇1~2分钟。

练习目的：增强学生的反应和灵敏性。

进阶练习：增加练习时间和数量。

注意事项：反应迅速，身手敏捷。

4）移动中的躲闪练习

动作方法：用标志物随意设置障碍，练习者绕过标志物向前快速跑动。

练习负荷：每组1~2次，重复2~3组，间歇3~4分钟。

练习目的：提高学生在跑动中的躲闪能力。

进阶练习：标志物增多，距离缩小。

注意事项：快速、灵敏，注意安全。

5）数字（0~9）图形跑

动作方法：如图5-5所示，随意组合数字，进行数字图形跑。

练习负荷：每组3~4次，重复2~3组，间歇3~4分钟。

练习目的：提高跑动能力和灵敏性。

进阶练习：由几个数字累加。

注意事项：合理控制距离。

6）对称图形跑

动作方法：双方从起点背向出发，按规定路线到达各自的终点（如图5-6）。

练习负荷：一组2~3次，重复2~3组。

练习目的：提高学生的灵敏性。

进阶练习：将跑动的路线逐步复杂化。

注意事项：按教师指定的路线跑动。

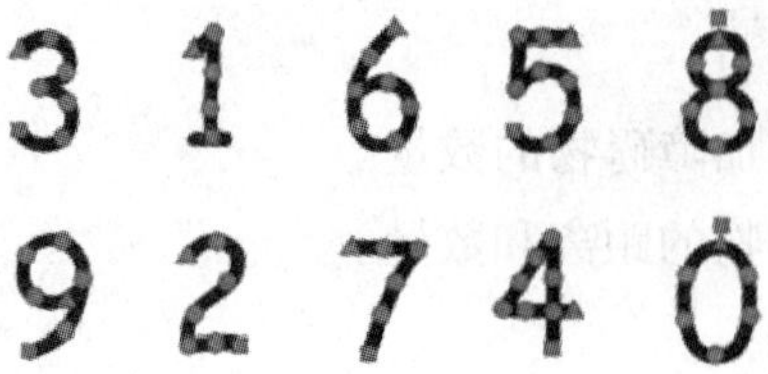

图 5－5

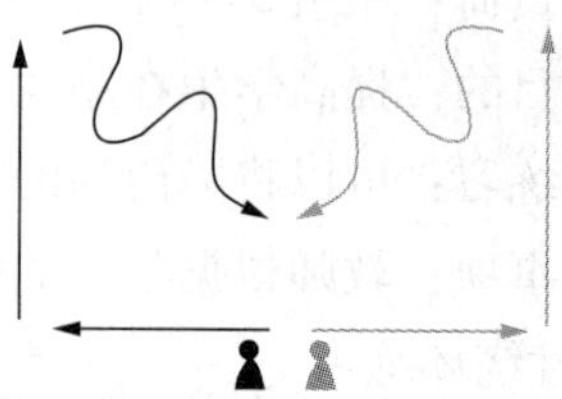
图 5－6

7）跳格练习

动作方法：数字表示每一拍脚应该落的位置（如图 5－7）。

练习负荷：每组 2～3 次，重复 2～3 组，间歇 3～5 分钟。

练习目的：提高脚步的灵敏性。

进阶练习：让学生负重跑，加大难度。

注意事项：根据学生的身体状况合理安排运动量。

8）“X” 训练

动作方法：从 1 出发，1 到 2 的过程先加速，在离 2 有两步的距离时开始减速，到达 2 处急停并侧滑步到 3；到 3 后侧身跑到 4，再半转身加速前进到起点 1（如图5－8）。

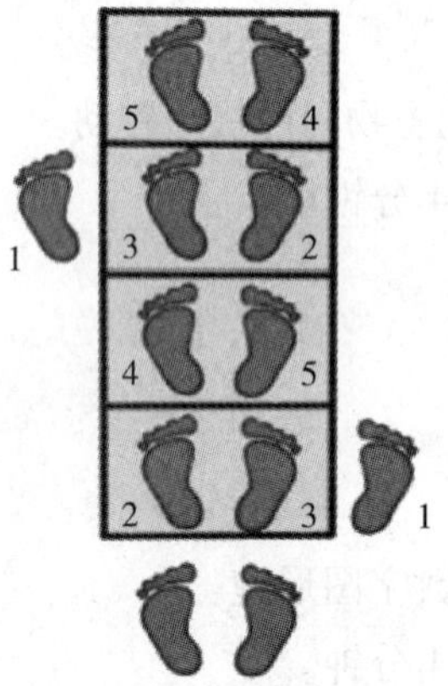

图 5－7

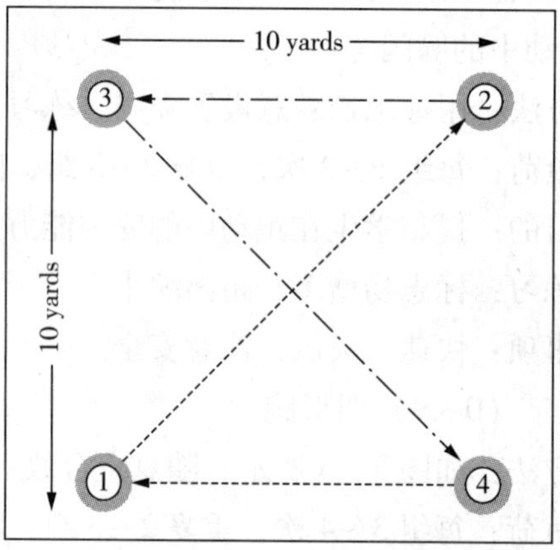

图 5－8

注意事项：在整个过程中，要注意速度变化，在各个位置处有方向的变化以及在转身时保证身体重心没有起伏。

9）“W” 训练

动作方法：主要训练前进加减速急停以及直线后退跑的能力。从 1 出发，1 到 2 的过程先加速，在离 2 有两步的距离时开始减速，到达 2 处急停；2 后退到 3 处后忽然加速到下一点，以此类推（如图 5－9）。

注意事项：在整个跑的过程中摆动手臂，加速时要全力加速，身体重心不要起伏。

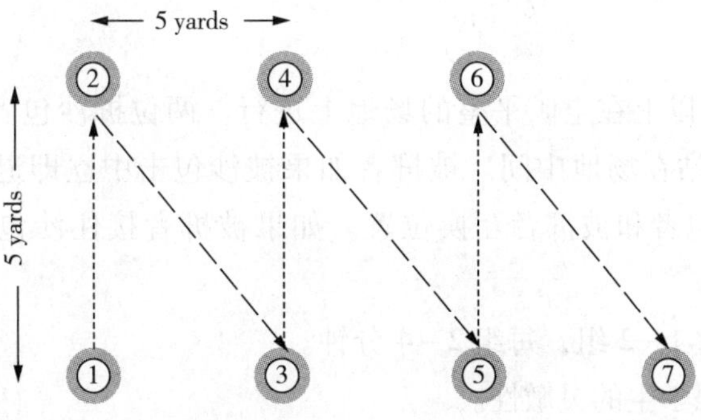

图 5－9

10）“Z”训练

动作方法：两排标志物平行摆放，标志物之间的距离以及标志物的数量可以自行决定。从 1 出发加速到 2，到 2 处减速并绕过 2 到加速到下一点；以此类推，到倒数第二点后加速冲刺到最后一点。在整个过程中，除了标志物处需要减速，其他都是要加速，尤其是最后冲刺距离更需要全力加速（如图 5－10）。

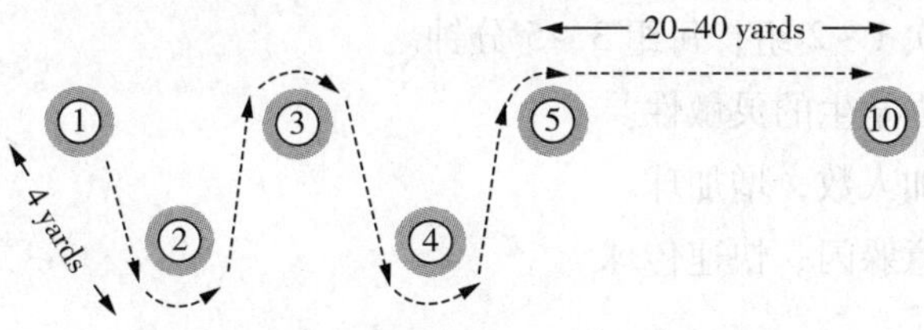

图 5－10

11）组合练习

动作方法：每 2 个循环为一组（如图 5－11），视学生自身情况决定练习组数。

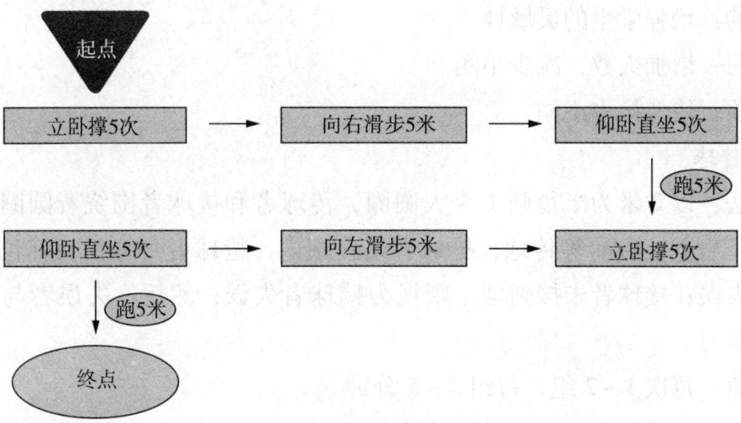

图 5－11

（五）游戏知

1. 掷沙包

动作方法：4 人以上在空旷平整的场地上进行。两位掷沙包者的间隔距离在 6 ~ 10 米，两位被掷者站在场地中间。被掷者如果被沙包击中立即退出场外，如果两人都被击中，则掷沙包者和被掷者互换位置。如果被掷者接住沙包，可以救退出场外的队友。

练习负荷：每次 1 ~2 组，每组 2 ~4 分钟。

练习目的：增强学生的灵敏性。

进阶练习：增加掷沙包人数，增加被掷者人数，缩短间隔距离。

注意事项：注意躲闪、快速掷出沙包。

2. 传球触人

动作方法：8 ~10 人一组，在一定区域（半个篮球场大小）内进行。先由 2 名同学在场地内跑动传球，同时可以用球触及他人，其余同学在场地内躲闪或跑动。躲避的同学不论被持球者用球触及身体的哪个部位，都变为传球者。这样，直到所有躲避的同学被球触及，游戏结束。

练习负荷：每次 1 ~2 组，每组 3 ~5 分钟。

练习目的：增强学生的灵敏性。

进阶练习：增加人数，增加球。

注意事项：注意躲闪、快速传球。

3. 抢占先机

动作方法：以 2 ~3 米为半径画 1 个大圆圈，再在大圆圈内以 0. 20 米为半径画 4 个小圆圈。6 名同学绕大圆圈慢跑，听到老师发出的信号后，快速抢占 4 个小圆圈。每个小圆圈里只能站一个人，未抢占到小圆圈的同学做俯卧撑或蛙跳等。

练习负荷：每次 1 ~2 组，每组 3 ~5 分钟。

练习目的：增强学生的灵敏性。

进阶练习：增加人数，减少小圈。

注意事项：快速抢占小圈。

4. 快速传球

动作方法：以 2 米为半径画 1 个大圆圈，传球者和接球者围绕着圆圈不断变换位置进行击地、肩上、胸前等传球，抢球者站在圈内，抢球者身体任何部位触及球，都视为传球者失误；接球者未接到球，则视为接球者失误；然后，失误者与抢球者位置角色，继续练习。

练习负荷：每次 1 ~2 组，每组 3 ~5 分钟。

练习目的：增强学生在传球时的灵敏性。

进阶练习：增加传球距离，加大圆圈半径。

注意事项：注意躲闪、快速传球。

二、平衡能力

（一）身体知

1. 平衡能力

概念：为身体所处的一种姿态以及在运动或受到外力作用时能自动调整并维持姿势的一种能力。

特征：平衡能力是运动系统和神经系统功能的综合体现，在人体的控制和调整过程中，身体平衡的维持主要依赖于视觉、前庭和本体感觉的信息输入以及中枢神经系统对所获得信息的整合，然后通过下肢支撑和在躯干运动的协调参与下，最终实现对运动效应器的有效控制。

（1）感觉输入：包括视觉系统和躯体感觉（皮肤感觉和本体感觉）。

（2）前庭系统：即位觉系统，当人体进行旋转或直线变速运动以及头在空间的位置和地心引力的方向出现相对变化时，便会刺激前庭器官的感觉细胞产生神经冲动。经过一系列传送，引起身体在空间位置或变速感觉，并通过姿势反射来调整有关骨骼肌的张力，以维持身体的平衡。

（3）身体机能状态：只有身体机能处于适宜状态时，有关的系统和器官之间才能协调配合，发挥良好的生理作用，以维持身体特定姿势。如果身体疲劳或健康欠佳，各器官系统功能下降，必然会导致平衡能力下降。

从生理方面来分析，人体平衡的维持取决于适当的感觉、正常的肌张力输入、骨骼肌系统协调配合、大脑的信息整合以及有效的支撑面等。

2. 平衡能力分类

（1）动态性平衡：指人体在运动过程中控制身体姿态的能力，如蹦床、体操、花样滑冰与游泳等均需要很好的动态平衡能力。

（2）静态性平衡：使人体在相对静止的状态下，维持身体某种特定姿态一段时间的能力，如站立、金鸡独立、倒立、射箭等动作均为静态平衡。

（二）测试知

1. 静力性平衡能力测试方法

1）鹤立

目的：测评受试者单脚站立维持身体平衡能力。

场地器材：平坦地面，秒表。

方法：受试者用一足前脚掌站立，另一侧屈膝贴于支撑腿膝内侧，双手叉腰，上体正直，记录维持平衡的时间。测 3 次，取最佳成绩。

注意事项：支撑腿足跟不着地，不能移动。

2）踩木条

目的：测量单足踩木的平衡能力。

场地器材：秒表，方木条（30 厘米×3 厘米×3 厘米）。

方法：受试者单足用前脚掌站于方木条上，足长轴与木长轴成十字为横向踩木，足长轴与木长轴平行为纵向踩木，另一脚悬空。记录维持平衡的时间，左右足各测 3 次。

注意事项：受试者的支撑足的足尖或足跟着地，计时即止；在前 3 秒内失去平衡可重测；要用胶布将方木条固定，以免滑动。

2. 动力性平衡能力测评

对象：侧跨跳（10 岁以上男、女生），测验场地如图 5－12。

目的：测量运动中或运动后准确落地和平衡能力。

场地器材：秒表，皮尺，粉笔，小木块（2 厘米×2.5 厘米）。

方法：受试者以单足站立于起跳点（侧对 A 点），向左或右侧跳至 A 点，前脚掌覆盖木块停止 5 秒，在前 2 秒内身体前倾用手拨开任何一侧的木块，左右足各测 2 次。

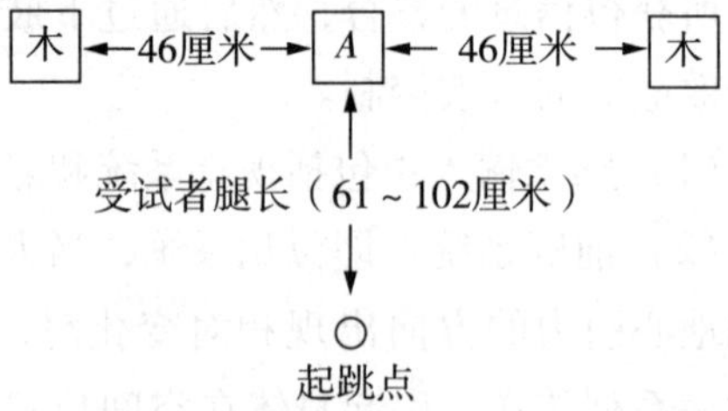

图 5－12

注意事项：5 秒的平衡时间，由前足底落地后身体成稳定姿势算起；在 2 秒内拨开小木块后，仍要保持平衡 3 秒。

（三）评价知

1. 静力性平衡评价

1）鹤立

鹤立评价超标准参照表 5－5。

表 5－5 鹤立评价标准 单位：秒

等级	高中男生	高中女生
优	51 及以上	28 及以上
良	37～50	23～27
中	15～36	8～22
下	5～14	3～7
差	4 及以下	2 及以下

2）踩木评价

踩木评价分为横向踩木评价和纵向踩木评价，现以 6 次测量的总时间为测量成绩，评价标准参照表 5－6、5－7。

表5-6　横向踩木评价标准　　单位：秒

等级	高中男生	高中女生
优	225及以上	180及以上
良	165~224	140~179
中	65~164	60~139
下	15~64	15~59
差	14及以下	14及以下

表5-7　纵向踩木评价标准　　单位：秒

等级	高中男生	高中女生
优	346以上	336以上
良	306~345	301~335
中	221~220	206~300
下	181~220	166~205
差	180及以下	165及以下

2. 动力性平衡能力测评

评价：侧跨踩住*A*点5分；足落地取得平衡在2秒内推开小木块5分；在*A*点每保持1秒得1分，最多5分；每做完1次满分为15分，4次测验共60分。如侧跨跳未能用前足底盖住*A*点，则可重新跳至踏准为止，但应扣去5分；若未能在足落地后2秒内拨开小木块，则扣5分。评价标准参照表5-8。

表5-8　侧跨跳平衡评价标准　　单位：分

等级	高中男生	高中女生
优	58及以上	58~60
良	53~57	51~57
中	42~52	39~50
下	37~41	33~38
差	36及以下	32及以下

（四）提高知

1. 金鸡独立

练习功能：主要锻炼神经肌肉协调控制能力和身体的站姿平衡（如图5-13）。

场地器材：无。

起始姿势：练习者单脚站立，另一只脚放在支撑腿的大腿内侧，眼睛平视前方，

图 5-13

两臂前平举（立掌）。

练习步骤：练习者眼睛注视前方，两只手臂侧平举，保持 10 秒后（保持时间需根据学生的能力而定），手臂变换成前平举动作。交换支撑腿继续练习此动作。

指导提示：练习者在练习过程中控制好身体的平衡，腹部和臀部肌肉有紧张感。

拓展练习 1：练习者双手握弹力带完成上述练习。

拓展练习 2：练习者可在平衡垫上进行上述练习。

拓展练习 3：双人相互干扰练习，如 2 名学生面对面站立，由教师发出“开始”口令后，双方可用手指推对方的身体，支撑时间较长者为获胜方。

2. 躯干平衡性练习

练习功能：增强躯干的平衡稳定性以及上下肢的协调配合能力（如图 5-14）。

图 5-14

起始姿势：练习者双肘伸直双膝跪于地面，腹部收紧，后背部保持平直。

练习步骤：俯撑，膝关节屈成90°，腰背挺直；左手和右腿缓慢伸展，身体保持稳定，再用左肘碰右膝。两侧交替进行练习。

指导提示：要求臀部和腹部肌肉收紧，身体尽量保持平稳，后背部保持平直，不要左右晃动。

拓展练习1：在异侧动作完成较好的情况下，可进行同侧的练习。

拓展练习2：可在平衡垫上做此动作。

拓展练习3：小组内进行竞赛，坚持时间长者获胜。

拓展练习4：小组间进行接力竞赛，小组组员保持统一动作，小组组员的抬起腿作为“跨栏”。口令发出后，最左侧的组员跨过每一个“跨栏”后，再保持此动作。每名组员都完成一次“跨栏”，完成最快的小组获胜。

3. 触脚抱膝平衡

练习功能：主要发展单腿平衡与动作动态变化中身体神经肌肉协调控制能力（如图5-15）。

起始姿势：练习者单腿站立，两眼平视前方，另一只腿高抬，大腿与地面平行，两臂自然放于两侧。

练习步骤：练习者非支撑腿后举，上体前倾与地面平行，双手下伸去触摸支撑脚的脚尖，控制3秒；之后将后举腿提膝至胸前，同时双手抱膝，控制3秒；换另一条腿单腿支撑，同起始姿势，重复此动作练习。

动作提示：练习者在动作变化的过程中要控制好身体的平衡。不断变化姿势时，寻找新的平衡。

图5-15

拓展练习 1：练习者可闭上眼睛做上述动作。

拓展练习 2：练习者可围成圆圈，同时完成教师给出节奏指令的上述动作。

拓展练习 3：练习者可在跑道上完成此动作，将原地换腿步骤变为弓步向前走。

拓展练习 4：练习者非支撑腿后举，上体前倾与地面平行，双手下伸去触摸支撑脚脚尖，坚持 3 秒；然后双手前平举至头部两侧，坚持 5 秒。交换支撑脚，重复此动作。

4. 侧斜-抱膝平衡练习

练习功能：主要发展身体两侧的肌肉和侧向平衡控制能力，体会在非平衡的状态中发展肌肉力量（如图 5－16）。

图 5－16

起始姿势：练习者单腿站立，两眼平视前方。

练习步骤：练习者两臂侧平举，非支撑腿提膝高抬，同时非支撑腿向同侧蹬直，躯干倾斜向另一侧，坚持 5 秒；然后迅速将非支撑腿提膝高抬于胸前，同时身体直立且双手抱膝。交换支撑腿，重复此动作。

指导提示：练习者在练习过程中要控制好身体的平衡，腰腹部、腿部肌肉保持紧张状态。

拓展练习 1：控制非支撑腿的抬腿高度进行练习。

拓展练习 2：变换非支撑腿的方向进行练习。

拓展练习 3：在上述基本动作的基础上完成支撑腿屈膝，变至站立动作。

5. 抱球左右跨步跳

练习功能：主要发展身体的神经肌肉控制能力以及非平衡状态下肌肉发力的感觉（如图 5－17）。

场地器材：药球。

图 5－17

起始姿势：练习者双手抱球自然放于胸前，右脚单脚站立。

练习步骤：练习者持球右腿向右侧跨一大步，然后左腿后抬，双手抱球前平举，上体前倾与地面平行，坚持 3 秒；然后提膝至胸前，双手抱球收于胸前。

指导提示：练习者在练习过程中要控制好身体的平衡，保持姿势准确。

拓展练习 1：两名练习者同时练习，一名练习者不固定方向，另一名练习者“照镜子”练习。

拓展练习 2：两名练习者面对面抛接一个球，练习上述动作。

拓展练习 3：两名练习者面对面同时抛接球，练习上述动作。

拓展练习 4：练习者围成一个圆，头部朝外，听指令同时完成动作，完成次数多的小组获胜。

（五）游戏知

1. 猜数前进

游戏目的：锻炼平衡能力。

游戏方法：

（1）从平衡木的两端 50 厘米左右的地方作为各队的阵地。

（2）两队各派 1 名队员在平衡木上前进，在相会处猜数。

（3）输的人下平衡木，换 1 名队员继续开始猜数。胜的人前进。

（4）同样的方法反复进行，先踏入对方阵地的队获胜。

注意事项：在训练过程中，要注意学生的安全。

2. 游戏名称：搅乱平衡游戏一

游戏目的：锻炼平衡能力。

游戏方法：

（1）学生可以在操场进行此游戏，2 人抓住绳子各一端，两端各留 30 厘米左右，然后固定脚的位置。

（2）听到开始指令后，双方通过拉或松长绳，使对方失去平衡。

（3）脚位置移动的一方输。放掉长绳者犯规。

注意事项：在游戏过程中可以采用竞争性比赛，以达到训练的目的。

3. 游戏名称：搅乱平衡游戏二

游戏目的：发展学生平衡力。

游戏方法：

（1）10 人左右在体育场进行此游戏。先用长绳围成一个大圆圈，所有队员进入长绳围成的圆圈内。

（2）所有人抓住绳子，把绳子放在背上或腰上，固定脚的位置。

（3）听到指令用力拉绳，脚的位置移动的人，退到圈外的人，要退出游戏。

另一种玩法：不使用绳子，大家手拉手，用同样的方法进行，同时注意学生的安全。

4. 平衡木上相扑游戏

游戏目的：通过对抗，锻炼学生身体平衡控制能力。

游戏方法：

（1）在操场上，对战的 2 个人在平衡木上面对面站立。

（2）手肘稍稍弯曲，双手向前，和对方的手掌合在一起。

（3）互相用力推挤对方使其失去平衡，脚的位置移动或从平衡木上掉下来的一方为输。

5. 单脚平衡接力赛

游戏目的：发展学生腿部力量和平衡能力。

游戏方法：

（1）3～10 人一组，每个队员各自抓住前面的人的 1 只脚，排成一列，用不自由的姿势进行接力对抗赛。

（2）听到开始指令，保持队列不断开，配合节奏，单脚跳着前进。

（3）如果队列断开，就停下来重新再开始。

注意事项：在练习过程中学生身体一定要自然放松，注意安全。

三、协调性

（一）身体知

协调性指身体作用肌群之时机正确、动作方向及速度恰当，平衡稳定且有韵律性。在各项体能中，协调性训练是最困难的训练，影响协调性的因素除了遗传、运动员心理个性外，还有肌力与肌耐力、技术动作熟练程度、速度与速耐力关系、身体重心平衡、动作韵律性、肌肉放松与收缩，甚至还有柔软度等。

1. 协调能力的概念

协调能力是指身体在用于肌肉群体时，选择的作用时机恰到好处，动作方向准确，速度力量把握得当，使身体能够平衡稳定地运动，并且保持很好的节奏感的一种能力。

（二）协调能力的实质

协调性是人体在运动中应具备的基本能力，是学习、掌握和运用运动技术的前提和基础。近期，人体运动协调能力成了教育学门类中儿童发展研究的热点问题，不单单是在体育教育中有所涉及，舞蹈教育、器乐教育对人体协调性都有很高的要求。国外学者也对这一问题进行了探讨，苏联生理学家 Berns tein 进行了运动协调理论系统研究，他认为是中枢神经系统对神经-肌肉-骨骼系统的控制，中枢神经系统通过协同简化对人体的控制，将运动指令传给中央模式发生器来实现运动协调。德国学者葛欧瑟认为，协调性是人体各种能力的综合表现，包括灵活性、反应能力、学习能力、空间定向能力、节奏、平衡、准确等。

协调性可分为动觉协调、神经-肌肉协调和肌肉协调三维度。动觉协调是指有机体各部分在时间和空间上的相互配合，主要取决于本体感受所提供的信息。如儿童动作发展之初的协调是手眼协调，即看到物品后能伸手去抓。肌肉协调是指肌肉适宜且合理地用力，包括肌肉用力的时间、用力的程度和顺序，分别取决于参与工作的纤维和肌肉的数量及肌肉紧张和放松的相互配合，如儿童动作发展过程中完成手脚的协调，即游泳时的臂腿间的协调运动、能在双脚跳的同时完成双手同时摇绳动作等。神经-肌肉协调是指在完成动作时神经过程的兴奋和抑制的相互配合和协调，同时对运动的速度、方向和空间细节都有敏锐地捕捉。这时的运动者不仅能保证自己的动作协调，在双人对抗或多人对抗性的运动项目中还能根据对手的表现随时调整自己的动作表现，达到真正的信息传入—处理—动作传出的整个神经-肌肉系统的协调。

运动协调能力通过长期的锻炼会产生适应性变化，神经系统能学会利用惯性、重力、阻力等，形成对自身更为有效的运动协调方式。因此，学生需要在多次练习中对其进行强化，强化运动知觉、肌肉记忆，发展运动神经通路。从而使学生做出的动作更加舒展、合理、准确，在各种干扰下都能协调、不变形。

从学生练习的角度看，简单易行又富有趣味性和挑战性的一些练习更容易让学生接受。练习中还可以增加难度动作，尤其侧重于对身体节奏感、学生肢体和反向思维的练习，这些练习对运动感觉系统、身体控制、神经系统、动作协调等方面都有较高的要求，能为协调能力较好的学生提出更高的目标。

3. 协调性的分类

一般身体协调性能力是指人体在运动当中最基础的身体协调性能力，也是一切运动项目所必须具备的素质之一。

专项身体协调性能力指与运动员所从事的竞技项目特征相匹配的身体协调性能力，

也就是根据运动项目本身内在规律的特点所需要的协调性能力。

4. 影响协调性因素

（1）心智练习——心智练习可以提高和改善精神集中力。

（2）力量——反面肌肉的放松与收缩。

（3）耐力——疲劳的出现对动作有影响。

（4）交互抑制——支配动作反面肌肉的神经冲动之抑制或阻止。

（5）本体感受器——对位置肌肉关节的张力感受。

5. 协调性训练理论

协调性训练法大概有以下几种手段。

（1）不习惯动作的各种身体练习。

（2）以游戏方式完成复杂动作。

（3）反向完成动作。

（4）改变已习惯动作速度与节奏。

（5）利用不习惯组合动作，可以对已掌握的动作进行更加复杂化练习。

（6）要求创造性改变完成动作方式。

（7）利用各种器械或自然环境做各种较复杂练习。

（8）改变动作空间范围。

（9）适时用信号或条件刺激使运动员做改变动作的各种练习。

协调性训练法是一种强化训练，所以在准备期与锻炼期，必须打好基础。当然，协调性训练要求在速度与时间和动作的配合下完成，亦即动作越复杂学习效果越佳，所以基础打牢之后的训练也应当予以重视，不可轻视。

（二）测试知、评价知

关于运动协调能力的测评内容目前国内研究不够深入，可能与协调本身具有复杂的机制，进而在实践中很难量化描述、操作这一特点有关。运动协调能力的测评涉及测评指标的选取、方法的运用。国内进行测评研究多选取技能动作作为指标，国外常采用被试感觉评定等。由于研究者对运动协调的属性及分类都有着不同的认识，所以确定的运动协调测试指标及评价也有不同。目前仍没有可以直接测量人的运动协调或协调能力的指标。以下提供一些简单的协调性评估方法。

1. 交叉步往返跑

受试者在相距 20 米的平地上做交叉步往返，重复一次，记录完成时间。

2. 踩点（“8”字踩点）

在平整的场地上画一个“8”，并标注 *A*，*B*，*C*，*D* 4 个点，*A*，*B* 在一条线上，相距 2 米，*C*，*D* 在另一条直线上，相距 4 米，*AB* 与 *CD* 的垂直距离为 2 米。开始前，受试者站在 *D* 处，按照 *A*—*AB*—*BC*—*CD*—*DC*—*CB*—*BA*—*AD* 的顺序滑步移动，然后重复一次，记录完成的时间和踩准的点数，踩准的点数除以时间为最后成绩。

3. 交叉拍脚

受试者测试顺序为：（1）左脚右前摆右手拍—右脚左前摆左手拍—左脚右后摆右手拍—右脚左后摆左手拍；（2）右脚左前摆左手拍—左脚右前摆右手拍—右脚左后摆左手拍—左脚右后摆右手拍；重复顺序（1）（2），记录拍准次数和完成时间，拍准次数除以时间为最后成绩。

4. 跳方格

在平整的地面画一个 2 米×2 米的方格并分成 4 个小方格，在每个小方格内分别标注 1、2、3、4。受试者测试顺序：双脚跳入 1 格—两脚分开跳入 4、2 格和 3、1 格—双脚跳入第 2 格—两脚分开跳入 3、1 格和 4、2 格—双脚跳入 3 格—两脚分开跳入 4、2 格 3、1 格—双脚跳入 4 格—两脚分开跳入 3、1 格和 4、2 格；重复一次，记录时间和失误次数，最后用时间除以全部方格再减去失误次数为成绩。

（四）提高知

提高协调能力的手段和方法如下。

1. 开合跳练习

练习功能：主要发展练习者的协调素质，辅助发展练习者的力量和速度素质（如图 5－18）。

场地器材：绳梯。

（a）　（b）

图 5－18

起始姿势：站立于绳梯第 1 个格前。

练习方法：教师给出“开始”的口令后，练习者向前跳跃，双脚落于绳梯第 1 个方格两侧，双臂屈肘侧举，成半蹲姿势保持大腿与地面平行；双脚再同时跳入绳梯第 2 个方格内，保持半蹲姿势，两臂屈肘于胸前，依此循环进行练习。

指导提示：跳跃过程中前脚掌着地，要有节奏感，熟练后加快节奏和速度。

拓展练习 1：可以通过改变动作的频率、节奏、膝关节弯曲角度，或者通过计时完成的方式来拓展此练习。

拓展练习 2：可以增加此动作的难度，即向后开合跳。

拓展练习 3：3 名学生 1 组，听统一口令，完成不同动作阶段。

2. 双手触脚跳练习

练习功能：发展练习者的协调素质（如图 5－19）。

场地器材：绳梯。

起始姿势：练习者双脚开立站于绳梯第 1 个格的两侧，双臂自然下垂。

练习方法：如图 5－19 所示。

（a）

（b）

图 5－19

指导提示：背部保持直立，膝关节高抬并充分外展，动作轻盈快速。

拓展练习 1：膝关节内收，用同侧手触同侧外脚踝处。

拓展练习 2：增加向后踢腿触脚跳动作的练习。

3. 转前行练习

练习功能：主要发展练习者的协调素质，辅助发展练习者的平衡素质。

场地器材：绳梯。

起始姿势：练习者面向绳梯，保持立正姿势。

练习方法：教师给出“开始”的口令后，练习者双脚起跳，跳入绳梯的第 1 个格内，顺时针旋转 180°后，双脚跳入绳梯第 2 个格内；再逆时针向反方向旋转 180°，跳入绳梯第 3 个格内。依此循环进行练习。

指导提示：动作要有节奏感。

拓展练习 1：用单脚完成此练习。

拓展练习 2：增加难度，每次旋转 360°。

4. 正向三步左右侧踩前移练习

练习功能：主要发展练习者的协调和灵敏素质，辅助发展练习者的速度素质（如图 5－20）。

场地器材：绳梯。

起始姿势：练习者正向面对绳梯，以立正姿势站于绳梯第 1 个格的后方，双臂屈肘自然置于体侧。

练习方法：教师给出“开始”的口令后，练习者左脚向前迈步至绳梯第 1 个格内；右脚迅速跟至绳梯第 1 个格内，右脚落地后，左脚向左侧迈步至绳梯第 1 个格的左侧

（a）　（b）　（c）

图5－20

绳梯外，左脚落地后，右脚迅速向前迈步至绳梯第2个格内；右脚落地后，左脚跟进迈步至绳梯第2个格内，左脚落地后，右脚迅速向右迈步至绳梯第2个格的右侧绳梯外；右脚落地后，左脚向前迈步至第3个格内，依此循环进行练习。

指导提示：在练习过程中要有节奏感，尽量缩短脚与地面接触的时间。

拓展练习1：教师可规定练习的频率和节奏，可变速或者变节奏进行练习，也可计时完成练习。

拓展练习2：可将此动作的逆过程作为拓展练习，即向后移动练习。

拓展练习3：教师可组织小组竞赛。

5. 双脚跳加绕臂练习

练习功能：发展学生的身体协调性与耐力（如图5－21）。

练习器材：绳梯。

起始姿势：练习者面向绳梯方向，立正站于绳梯第1个格后，双臂屈肘自然置于体侧。

练习方法：教师给出“开始”的命令后，双脚向前跳跃进入绳梯第1个格内，身体腾空时双臂由后向前绕环1次，每跳1个格则手臂向前绕环1次，依此循环进行练习。

图5－21

练习指导：跳跃时，上身保持直立，绕臂与跳跃的节奏保持一致。

拓展练习1：双脚跳改为单脚跳。

拓展练习2：双脚跳跃时，双臂可在空中交叉绕环。

拓展练习3：教师可将学生分成人数相等的组进行双脚跳竞赛。

6. 侧滑步抛球练习

练习功能：身体的协调能力（如图5－22）。

练习器材：绳梯和球。

起始姿势：身体左侧侧对绳梯第 1 个格，双脚开立与肩同宽，双手抱球放于胸前保持平衡。

练习方法：左脚迈入绳梯第 1 个格后，右脚顺势迈入绳梯第 1 个格内，依此循环交替进行，滑步的同时进行头顶抛球练习。

练习指导：连续的侧滑步抛球要保持身体的平衡与协调，逐渐加速。

图 5－22

拓展练习 1：双人对向侧滑步相互传 1 个球（也可同时传 2 个球）。

拓展练习 2：2 名学生进行侧滑步追逐跑。

7. 垫脚跳练习

练习功能：发展肢体协调性、下肢的肌肉力量（如图 5－23）。

场地器材：绳梯。

（a）　　（b）

图 5－23

起始姿势：身体右侧对着绳梯第 1 个格，双手放于身体两侧保持平衡姿势准备。

练习方法：右脚跳入绳梯第 1 个格后，左脚顺势屈膝抬起成半高抬腿动作；左脚放入绳梯第 1 个格时接着做 1 个小跳步，右脚顺势屈膝抬起，依此循环练习。

练习指导：保持背部直立，手脚相互协调摆动。

拓展练习 1：小组追逐垫脚跳，转身垫脚跳，高抬腿垫脚跳，后踢腿垫脚跳。

（五）游戏知

1. 龙头捉龙尾

游戏目的：发展协调能力。

游戏准备：平坦空地。

游戏方法：将游戏者分成人数相等的两队，每队 6～10 人为宜，手拉手成一横队，组成两条龙。每队一头为龙头，另一头为龙尾。游戏开始，两条龙的龙头分别去捉对方的龙尾。每捉到 1 次得 1 分，游戏结束时，以得分多的队为胜。

游戏规则：

（1）在游戏过程中组成龙的人不得松手。

（2）任何人不得以任何形式阻挡对方的行动。

教学建议：

（1）可以两手搭在前面一人肩上或抓住前面人的后衣摆、扶（抱）住前面人腰的形式成龙；

（2）可以采用龙头捉自身龙尾的方法进行游戏。

2. 飞龙抢珠

游戏目的：培养团结协作的集体主义精神，发展灵敏、协调等身体素质。

游戏准备：排球场，排球一只，放在球场中心。

游戏方法：将游戏者分成人数相等的两队，各成一列横队，侧对排球分别站在两端线外，各队手拉手组成龙体，远离端线侧为龙头。游戏开始，由龙头开始迅速穿插于第二、第三人手臂下面；第二人也跟着穿插，然后依次从第三、第四人，第四、第五人等手臂下穿过，后面的人也跟随穿插，全队成S形前进，直至龙尾，最后由龙头抢球，以先抢到球的龙为胜。

游戏规则：龙头抢球时，龙体不得解散。龙头抢球后排至最后做龙尾，第二人作龙头，游戏重新开始。

教学建议：可以采用三龙戏二珠的方法。

3. 看谁踢得多

游戏目的：发展协调性和腿部力量。

游戏准备：根据人数画若干直径为2米的圆，每两人1只毽子。

游戏方法：将游戏者分为每两人一组，其中一人站于圆圈内，按规定的踢毽子方法，听信号开始连续踢毽子，直至中断为止，再交给另一人进圆圈踢，看谁踢得多，多者为胜。

游戏规则：

（1）以连续踢毽子计数，失误一次即中止。

（2）必须在圆圈内踢毽子，出圆圈判为中止。

（3）必须按规定动作踢毽子。

教学建议：该游戏也可规定时间，在规定时间内连续踢毽子，中途踢坏可拾起再踢，直至限定时间结束。

四、爆发力

（一）身体知

1. 爆发力的概念

爆发力是体育教学中的常用术语，是各项运动技能的不可缺少的部分，比如说，在田径项目中，径赛类的起跑、跳跃类的起跳、投掷类的最后用力等；在篮球项目中，快速传球、超远投篮等；在羽毛球项目中，发球、杀球等。在体育教学中，面对优秀的体育爱好者，体育教师经常会说，这个学生爆发力很强。因此，爆发力在运动项目和日常生活中无处不在，并发挥着重要作用。

那么什么是爆发力？在新华字典中，爆发是指火山内部的岩浆突然冲破地壳，形容突然发作的意思。力就是力量、能力的意思。望文生义，爆发力是指像火山内部的岩浆一样，能量聚集后，突然冲破地壳的能力。那么，爆发力的概念是什么呢？对于爆发力的概念尚无定论。在王卫星、韩春远主编的《实用体能训练指南》中，爆发力是指张力已经开始增加的肌肉在极短的时间内（150 毫秒以内）以最快的速度进一步发挥的能力，是神经肌肉系统进一步将启动力量发展至最大化的能力。在国家《普通高中体育与健康课程标准（2017 年版）》中，爆发力是指在最短时间内，以最大的加速度克服一定阻力的能力。

综上所述，爆发力是指在神经系统的调控下，在极短时间内，通过肌肉增加张力，以尽可能快的速度，产生最大功率的能力。

2. 爆发力的特点

从爆发力的概念中可以看出，爆发力是肌肉工作时的输出最大功率。从高中物理功率知识可知，爆发力是最大力量乘以最大速度。设爆发力为 P，最大力量为 F，最大速度为 V，那么：

$$P=F\cdot V.$$

最大速度等于移动距离除以所用时间，设移动距离为 S，所用时间为 T，那么：

$$P=F\cdot V=F\cdot S/T.$$

根据以上分析，爆发力与力量、速度、距离和时间有着紧密关系。爆发力具有三大特点，即力量大、距离长和时间短（如图 5－24）。下面我们具体说明一下：

1）特点一：力量大

在尽可能保证用力做功距离与时间不变的理想状态下，即移动速度不变，肌肉力量越大，爆发力就越强。例如在羽毛球“杀球”技术中（如图 5－25），在保证挥拍速度不变的前提下，击球时，利用手腕力量的增加，杀球时下压手腕就会更加充分，羽毛球的杀伤力也会更大。因此，在合理范围内，提高主动肌的力量，有利于爆发力的增强。

图 5－24

图 5－25

2）特点二：距离长

在田赛投掷项目教学中，必不可少的要提到超越器械一词。超越器械是指在投掷运动中，投掷器械未出手时，投掷者身体超过器械的动作技术。超越器械，它通过增加最后用力时，器械所处的位置到出手点的工作距离，也是为了形成最后用力的良好姿势，创造了有利条件。因此，在合理范围内，增加器械所处的位置到出手点的移动距离，有利于爆发力的增强（如图5－26）。

3）特点三：时间短

爆发力是一瞬间或时间极短的过程，在尽可能保证用力做功距离与主动肌用力大小不变的理想状态下，完成动作时间越少，爆发力相对就会越强。例如，在田赛投掷项目教学中（如图5－27），超越器械的工作距离不能在增加时，通过缩短该距离使用的工作时间，提高出手速度。因此，在保证教学中的技术动作时，缩短该项技术的工作时间，有利于爆发力的增强。

图5－26

图5－27

综上所述，爆发力是在肌肉工作使用最大力量、移动最长工作距离和最短时间完成工作三个方面共同作用，产生最大的输出功率。因此，最大爆发力应该是在肌肉力量、工作距离和工作时间的最佳结合时，才能产生最大的输出功率。

3. 增强式爆发力

增强式爆发力是指在某项需要爆发力的教学中，先做离心收缩的反向动作，然后再做同方向的向心收缩，这样会产生更大的爆发力。离心收缩是肌肉长度被拉长，肌肉运动方向是远离心脏运动，向心收缩是肌肉长度被缩短，肌肉运动方向是朝向心脏运动。例如，立定跳远起跳时，先预摆，当手臂向下摆动和下肢下蹲到合适位置，突然蹬地和上摆，提高立定跳远的远度。这个过程是上肢的肱三头肌、三角肌和下肢的股四头肌先离心收缩，下摆至合适位置，突然开始向心收缩，使自身跳的更远。因此，增强式爆发力在实际体育教学中产生重要影响。

4. 爆发力的分类

爆发力是肌肉力量中快速里的一部分，爆发力是一个整体，例如站立式起跑既需要下肢积极蹬地，也需要上肢的快速摆臂，只是下肢爆发力占主要作用。因此，按照主要部位做功情况可以分为上肢爆发力、核心爆发力和下肢爆发力三部分(如图5－28)。

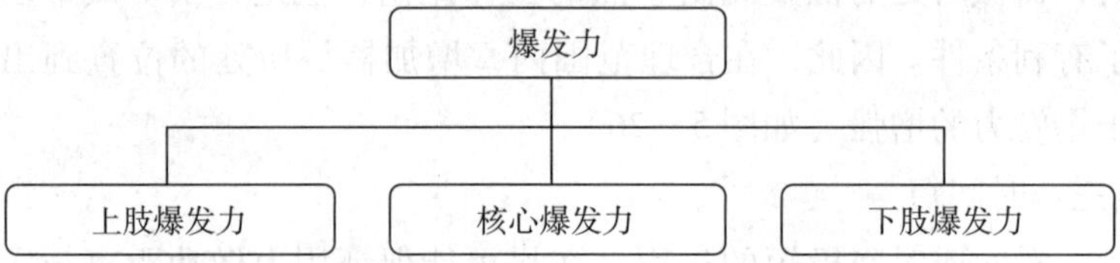

图5－28

上下肢爆发力，顾名思义，就是指上下肢占主导作用的爆发力。对于核心爆发力，先认识一下核心区，核心区是指人体的躯干部位，是以“腰椎-骨盆-髋关节”为核心所形成的整体。简而言之，就是肩关节以下髋关节以上的整个区域。核心爆发力在旋转、挺髋、背弓等技术教学中发挥着重要作用。

（二）测试知

一位中学生爆发力如何，应该怎么测试？如何利用简单的工具和测试手段，在日常教学和生活中测试爆发力？下面将给大家介绍一些简单的测试。

1. 上肢爆发力测试

俯卧撑（如图5－29）

测试方法：10秒钟内记录俯卧撑重复次数；肥胖和上肢力量弱的男生与女生用跪式俯卧撑（如图5－30）。

图5－29

图5－30

测试要求：

（1）以俯卧撑起姿势开始，双腿伸直，脚尖触地（跪式俯卧撑：小腿弯曲交叉，大腿并拢，膝盖着地)，背部保持平直，并保持手臂伸直，双手置于地面，与肩同宽。

（2）身体挺直，直至手臂屈曲成90°，然后回到起始姿势。

（3）在保证动作要求的同时，尽可能多地完成重复次数。

（4）测试时，测试者在撑起到身体最高点时，在没有停顿的情况下，尽可能多地重复动作次数，直至不能继续完成。

2. 下肢爆发力测试

1）立定跳远

测试要求：

（1）两脚自然开立，站在起跳线后，脚尖不得踩线。

（2）两脚原地同时起跳，不得有垫步或连跳动作，两脚同时落入跳区。

（3）两脚落地后，应向前离开跳区（如图5－31）。

图5－31

（4）测试者有三次测试机会，保留最好一次成绩。

2）50米跑

测试要求：

（1）采用站立式起跑，并站与起跑线后，当测试者听到“跑”的口令后，开始起跑。

（2）若测试者抢跑，用哨声召回，首要抢跑人罚下，其余测试者重跑。

（3）考生必须在本道次内跑过终点柱，凡跑错道或未跑到终点者，均无成绩。

3. 腰腹爆发力测试

十秒钟仰卧起坐

测试要求：

（1）考生全身仰卧于测试仪上，两腿稍分开，屈膝呈90°左右，两手指交叉贴于脑后，固定下肢。

（2）考生坐起时两肘触及或超过双膝为完成一次，仰卧时，两肩胛必须触垫。

（3）当发出“开始”的信号同时开表计时，记录10秒内完成的次数。10秒到时，考生虽已坐起，但肘关节未达到双膝，不计该次数。

（三）评价知

在评价爆发力的时候，首先要清楚爆发力在实际情况中，受到哪些因素的影响。一般认为爆发力受到学生的年龄、遗传因素、健康状况和力量情况等因素的影响。遗传因素受先天性的影响，后天很难改变。

爆发力的评价：体育教学中，体育教师、家长和学生应该根据一定的标准，评价学生的爆发力，让学生认清现阶段所处的水平，使其有针对性地提高。下面笔者根据上下肢和核心爆发力制定了一些标准，仅供大家参考。

1. 上肢爆发力评价

评价：参照表 5－9 或《国家体育锻炼标准（2014 年修订）》。

表 5－9　高中男生俯卧撑评价标准

等级	成绩（次）
优	33 及以上
良	28～32
中	21～27
下	15～20
差	14 及以下

2. 下肢爆发力评价

立定跳远、50 米评价标准见《国家学生体质健康标准（2014 年修订）》。

3. 核心爆发力评价（见表 5－10）

表 5－10　十秒钟仰卧起坐

四级评价	评分标准（分）	男生（个）			女生（个）		
		高一年级	高二年级	高三年级	高一年级	高二年级	高三年级
优秀	100	9	10	11	8	9	10
	90	8	9	10	7	8	9
良好	80	7	8	9	6	7	8
及格	70	6	7	8	5	6	7
	60	4	5	5	4	0	5
不及格	40	3	4	4	3	3	4
	20	2	3	3	2	2	3
	10	1	2	2	1	1	2

（四）提高知

1. 爆发力的教学进阶内容

1）上肢爆发力

在体育教学中，上肢爆发力主要用于投掷、摆臂和鞭打等动作。

（1）篮球胸前传球

动作要领：跪姿、坐姿或者站姿，面对着墙面，上身挺直，两肘屈曲，双手位于球后方，置于胸前；然后迅速使用上肢力量将球向外推出，直到双臂完全伸直，手腕拨指充分。重复练习几次最佳。

练习负荷：每组 6～8 次，练习组数 3 组，每组间歇时间充足。

练习目的：主要运用于篮球胸前传球，也有利于原地单手掷实心球和铅球。

提高练习：逐渐增加与墙面的距离，双人互相传球练习。

（2）俯卧撑

动作要领：身体保持从肩膀到脚踝成一块平板，双臂与胸部在一条直线上，两手相距约两倍肩宽。做俯卧撑时，匀速缓慢下降身体，胸部距离地面2～3厘米距离停止；然后，立刻爆发用力快速撑起，回到起始位置。针对肥胖和上肢力量弱的男生与女生，做不了标准俯卧撑，也可以用膝盖着地，做跪式俯卧撑，这样也可以达到锻炼效果。

练习负荷：每组6～8次，练习组数3组，每组间歇时间充足。

练习目的：主要运用于投掷项目中前推动作，也有利于其他运动的前推动作，如篮球单手肩上投篮等。

提高练习：原地趴下，听信号快速前推，击掌俯卧撑，俯卧撑跳跃；也可以通过负重或抬高支撑脚的高度，进一步加大难度。（注：肥胖和上肢力量弱的男生与女生用跪式俯卧撑完成上述动作）

2）下肢爆发力

上肢爆发力提高的主要目的是跑得更快，跳得更远、更高，下肢爆发力的练习方式有双腿跳、交换跳、跨越跳等，都是体育教学中常见的下肢爆发力的练习方式。

双腿跳是指任何包含双脚起跳和着地的动作。如蹲跳、反向跳跃、跳深、原地跳跃、立定跳远等。

交换跳是指用一条腿起跳，用另一条腿落地的动作，学生也可以采用双脚一起或者两脚交替的方式来完成。

跨越跳是指用相同的腿起跳和落地的动作，强调以最大循环速率完成跳得远或跳得高。

（1）深蹲

动作要领：身体直立，双脚分开与肩同宽，手臂向前伸直，平行地面。缓慢下蹲，保持上体直立，髋膝踝关节弯曲。保持膝关节方向与脚尖一致，且不超过脚尖（身高高、腿长的学生可以略微超过脚尖）。下蹲到最大过程中，脚跟始终不要离地（如图5－32所示）。

（a）

（b）

图5－32

蹲起时，下肢先发力，以最快速度完成到直立状态。

练习负荷：每组 6 ~8 次，练习组数 3 组，每组间歇时间充足。

练习目的：提高学生向上蹬地的能力，有利于发展向上跳跃的能力

提高练习：两倍间距深蹲；双手伸直举在头顶，深蹲；深蹲跳（摆臂由下到上）；深蹲跳（摆臂由上到下，再由下到上）（增强式爆发力练习）；深蹲跳（从低台跳下，然后跳上高台）（增强式爆发力练习）。

（2）高抬腿跳

动作要领：站立姿势，双膝微屈，髋关节向前倾斜为起始姿势，在起跳前，髋关节向外向上推，一条腿的膝关节向前并还原至预备姿势。在着地时，重复起跳动作，另一条腿的膝关节向前并还原至预备姿势。上半身动作与跑动的动作保持一致。为了两脚同时落地，脚踝必须锁定在脚趾向上姿势（如图 5 - 33）。

练习负荷：每组 10 ~15 秒，练习组数 3 组，每组间歇时间充足。

练习目的：高抬腿跳能增大跑和走的步长，也有利于提高生活中爬楼梯、越过障碍物的能力。

提高练习：单侧高抬腿、后蹬跑、跨步跳。

图 5 - 33

（3）单腿原地跳

动作要领：起始姿态为正直站立，一条腿的膝关节体前屈曲，离开地面，脚勾起，稳定踝关节。另一条腿膝关节必须在髋关节水平位置上方，脚跟在支撑腿膝关节前面，然后向上和向前跳起（如图 5 - 34）。

练习负荷：每组 10 ~15 秒，练习组数 3 组，每组间歇时间充足。

练习目的：单腿原地跳可以提高从踝关节到髋关节的着地和起跳技巧，也有助于锻炼或恢复弹跳姿势以及地面接触动作。

提高练习：单腿踢臀跳、快速单腿跨越跳、快速单腿跨越跳。

（a）（b）（c）

图 5 - 34

3）核心爆发力

核心爆发力是指身体的中间部分，特别是腰腹区域。通过躯干的练习，可以提高核心爆发力。核心爆发力的练习有摆动、扭转和甩动。

摆动是肩部、胸部和手臂共同参与的横向、水平和垂直的躯干动作。

扭转是指不需要肩部和手臂参与，转动盆骨和脊柱的躯体侧向扭曲的动作。

甩动，该动作始于快速击发髋部所产生的扭矩，接着有力地向投掷的反方向屈伸髋部关节。

（1）背对上下传递球

动作要领：两脚开立，与肩同宽，膝关节微屈，两人相互间背对背为起始姿态。在保持挺胸收腹姿势同时，脚不转动，双臂伸直，从头顶上和两脚间向同伴重复传递球（如图5－35）。

（a）　（b）　（c）

图5－35

练习负荷：每组10～15秒，练习组数3组，每组间歇时间充足。

练习目的：这个练习的目的是以屈曲和伸展的方式练习平衡和稳定的姿态顺序，也可以为接下来的投球和抛球训练做好准备。

提高练习：提高重物的重量、增加摆动幅度。

（2）背对左右传递球

动作要领：两脚开立，与肩同宽，膝关节微屈，两人相互间背对背为起始姿态。在保持挺胸收腹姿势同时，脚不转动，双臂伸直，转身90°从一侧传球，向同伴重复传递球（如图5－36）。

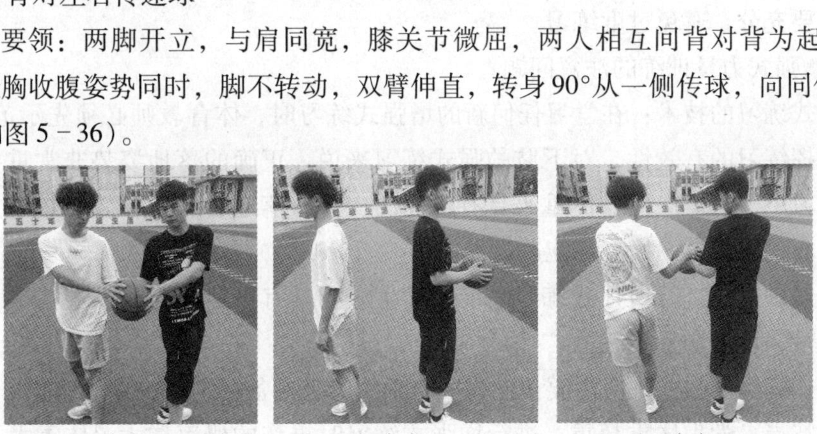
（a）　（b）　（c）

图5－36

练习负荷：每组 10～15 秒，练习组数 3 组，每组间歇时间充足。

练习目的：这个练习强调转动平衡性和稳定性。

提高练习：球转体 180°、扭转抛投。

（3）杠上自重悬垂

动作要领：在接近肩部高度抓紧低单杠或者双杠一根杠为起始姿态，脚向后移动，直到身体处于悬挂状态，只有脚趾触及地面。保持状态，上肢用力上拉，还原成起始姿势。初次练习，可分解练习完成，具备足够的力量后，完成整套动作。

练习负荷：每组 4～6 次，练习组数 3 组，每组间歇时间充足。

练习目的：这个练习可以提高整个身躯的力量和灵活性。

提高练习：杠上打挺、鲤鱼打挺。

4）爆发力在体育教学中的练习设计

练习方式：上肢的增强式练习主要有实心球抛接和俯卧撑击掌等；下肢的增强式练习主要有原地双脚跳、半蹲跳、团身跳、单腿团身跳、原地弓箭步跳、原地弓箭步交替跳、立定跳、纵跳、多级跳、跳箱、跳深等；核心爆发力的增强式练习主要有实心球仰卧起坐、快速背屈伸练习等。

负荷强度：增强式训练练习的强度是指施加于相关肌肉、结缔组织、关节的刺激程度。增强式练习的强度范围很大，跳绳的强度较低，而跳深练习的强度则很高。

负荷量：增强式练习的负荷量一般表示为一次课中练习的重复次数和组数。增强式练习负荷量也要根据不同学生、不同教学内容来调整。

间歇时间：在提高无氧功率的增强式练习中，需要学生以最大努力去完成练习，因此，在练习的次与次之间、组与组之间、课与课之间，都要保证充分恢复。在跳深练习中，次与次之间的恢复时间一般为 5～10 秒，组与组之间的恢复时间为 2～3 分钟。

练习的频率：练习频率是指每周进行增强式练习课的次数。增强式练习安排主要依据运动项目、所处的周期阶段及运动员的状态，通常为 1～2 次。增强式练习的课间恢复一定要充分，避免过度练习。

5）增强式力量训练的注意问题

增强式练习的技术：在学习任何新的增强式练习时，体育教师必须先示范、讲解，以充分发挥练习的有效性。对下肢的强式练习来说，正确的落地姿势非常重要。特别在跳深练习中，为了保证身体重心具有稳固的支撑，落地时肩应在膝的正上方。如果落地时重心偏离支撑，极有可能造成损伤。

力量基础：在进行增强式练习之前，学生应当具有一定的力量发展水平。先发展其基础力量，再做增强式练习。

速度：因为增强式练习需要快速完成，学生应当具备一定的快速运动能力。

身体特点：学生体重超重，进行增强式练习时损伤的概率增大。体重大，增加了增强式踝关节、膝关节的挤压，容易使关节受伤。因此，体重超重，应避免大量、大强度的增强式练习。

器械和设备：增强式练习的地面必须有缓冲性能，比如草地、悬空式地板、胶垫等都是可供使用的地面，可以有效地避免损伤。水泥地面、地砖地面、硬木地面等由于缺乏缓冲性不宜进行下肢增强式训练。

（五）游戏知

1. 徒手游戏

1）相互击掌俯卧撑。

游戏目的：发展上肢前推能力。

游戏准备：秒表。

游戏规则：两人一组，头对头相向趴在地面上做好俯卧撑的姿势（或跪卧式俯卧撑），手臂伸直，为起始姿势；当信号发出后，开始做一次练习，再次手臂上升前与初始动作之间，少了动作介绍，但先手臂弯曲，身体下去，再上升。手臂上升时，两学生同时右手相互击掌。第二次练习，使用右手击掌，以此类推。15 秒钟内，记录次数（如图 5 - 37）。

图 5 - 37

游戏建议：

（1）手着地的方式可以是掌、拳或指。

（2）上肢着地可以撑在垫子上练习。

2）移动的桌子

游戏目的：发展核心爆发力。

游戏准备：秒表。

游戏规则：用两手和两脚着地，膝盖屈曲，躯干平行于地面，听到开始信号后，按照指定向前（向后、向左和向右）运动，在 15 秒时间内，看哪位学生移动距离最长。

游戏建议：

（1）确保地面的平整，尽可能在草坪上进行。

（2）动作由慢到快。

3）比一比：看谁贴得高

游戏目的：提高下肢向上跳跃能力。

游戏准备：皮尺、贴纸、一面场地、一面墙。

游戏规则：在小组长的带领下，4 ~ 6 人一组，将种子学生分到不同组别。组内比赛，每人拿三张贴纸，写上名字，通过助跑，起跳贴到指定墙上；循环进行，三次成绩取最高的那次；每组再选出 2 名学生进行小组间对抗赛，规则与组内一样，最终决出弹跳王。

游戏建议：

（1）墙面上防止一块小垫子，防止学生与墙面发生碰撞。

（2）做好贴纸回收。

2. 大球游戏：篮球、足球和排球

1）仰卧上抛球

游戏目的：锻炼上肢的爆发力，尤其是肱三头肌的爆发力。

游戏准备：球（可以为篮球、足球和排球）、高台。

游戏规则：起始姿势为仰卧于垫上，双手持球屈肘于胸前。练习时，学生两人一组，练习者双手快速用力将球向上推给同伴，同时快速吐气；同伴接球后，可稍加力向下抛回；练习者主动接球缓冲成起始姿势，然后再快速用方将球抛出，重复进行（如图 5－38）。

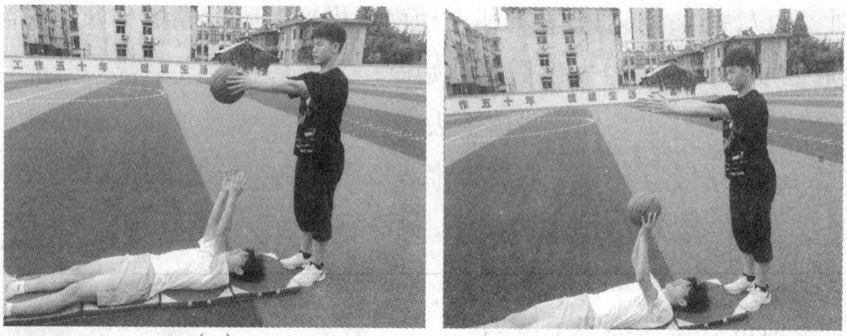

（a）　（b）

图 5－38

游戏建议：

（1）注意力集中，避免发生伤害事故。

（2）主要是手臂用力，躯干不要抬起。

2）坐姿转体侧抛球

游戏目的：主要发展腰腹部和上肢的爆发力与协调用力的能力。

游戏准备：球（可以为篮球、足球和排球）。

游戏规则：起始姿势为双手持球于胸前，屈膝收腹脚不着地坐于垫上。然后，将实心球沿身体一侧转到身后，以躯干带动上肢向前抛出，直至规定数量，做完后换另一侧（如图 5－39）。

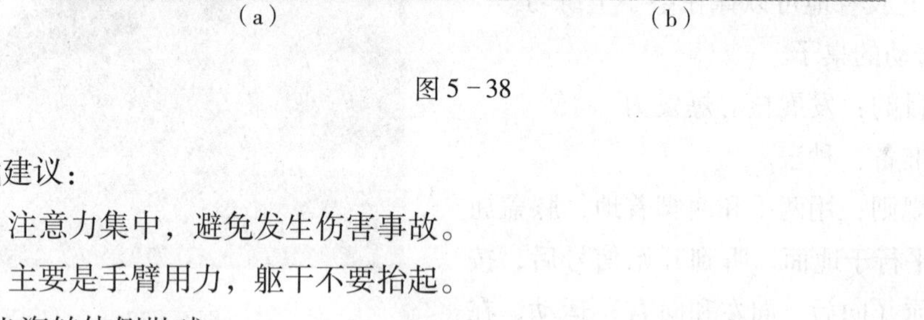

（a）　（b）　（c）

图 5－39

游戏建议：

（1）注意用力顺序，先腰部发力，后手臂发力。

（2）如需要提高难度，可增加抛球远度。

3）青蛙跳障碍

游戏目的：主要发展下肢肌群力量。

游戏准备：球（可以为篮球、足球和排球）。

游戏规则：3～5个球摆在一条直线上，两球间相距1.5～2米，学生起始姿势为两脚开立，与肩同宽，双手向后摆动，膝关节弯曲处于全蹲状态，身体略微前倾。然后，双腿用力蹬地，向前斜上方跳起，向上腾起时伸膝、展宽，下落时收腹，屈髋双腿前摆，落地时屈膝、屈髋缓冲落地。依次跳过所有的球。

游戏建议：动作幅度大，用力集中，连续跳保持适宜节奏，跳的路线保持直线。

3. 小球游戏：乒乓球、羽毛球、网球

1）手榴弹炸碉堡

游戏目的：发展学生的上肢爆发力，练习形式可以投掷和鞭打都可以（如图5－40）。

游戏准备：小垫子，球（纸球，网球，实心球或篮球等都可以），皮尺。

游戏规则：垫子均匀放在足球场中线的点上，学生分别置于两侧指定位置后（离中线10～20米），同组学生分别间距4米。听教师指示，依次进行练习。

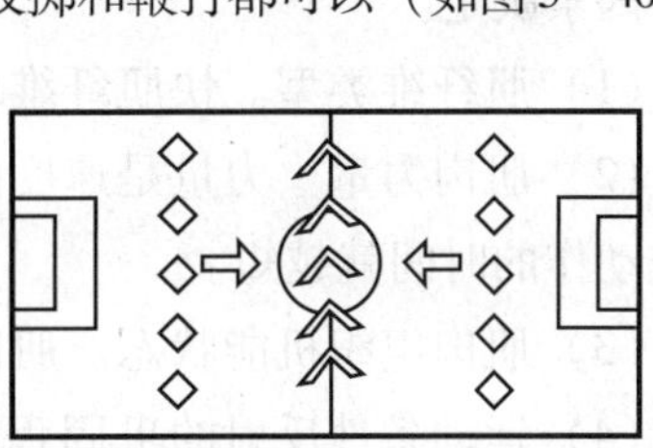

图5－40

游戏建议：

（1）做好安全教育；

（2）考虑到性别差异、学生间的体能差异。

2）仰卧夹球摆腿

游戏目的：主要发展腹肌、髂腰肌、股直肌力量。

游戏准备：小球。

游戏规则：起始姿势为仰卧，双手抱头，收腹、上身上抬离开地面；臀部着地，两脚并拢，脚尖绷直夹住小球，膝关节伸直，两腿上抬离开地面；然后，保持姿势，双腿同时按要求前后左右摆动。

游戏建议：

（1）练习时上身和脚不能着地。

（2）两腿摆动幅度要大、速度要快。

五、速度

（一）身体知

速度的概念：指人体进行快速运动的能力或最短时间完成某种运动的能力。

按其在运动中的表现可以分为反应速度、动作速度和周期性运动的位移速度。

速度的分类：反应速度、动作速度、位移速度。

1. 反应速度

反应速度指人体对各种刺激产生反应的快慢，如短跑运动员从听到发令到起动的时间等。人体对刺激的反应是一种神经反射活动，其结构基础为反射弧。反应速度的快慢主要取决于兴奋通过反射弧所需要的时间，即反应时。

影响反应速度的因素有以下几个方面：

（1）反射的复杂程度。反射活动越复杂，经历的突触越多，反应时越长。

（2）中枢神经系统的机能状态。运动员处于良好的精神状态时，反应时缩短。

（3）运动条件反射的巩固程度。随着运动技能的日益熟练，反应速度会相应加快。

2. 动作速度

动作速度是指完成单个动作时间的长短，如排球运动员扣球时的挥臂速度等。动作速度主要是由肌纤维类型、肌肉力量、肌肉组织机能状态和运动条件反射的巩固程度等因素决定。

（1）肌纤维类型。快肌纤维百分比越高，肌肉收缩速度越快，则动作速度越快。

（2）肌肉力量。力量是速度的基础，在阻力负荷相同时，力量越大，加速度越大，完成动作的时间就越短。

（3）肌肉组织机能状态。肌肉组织兴奋性越高，动作速度越快。

（4）运动条件反射的巩固程度。在完成动作过程中，运动技能越熟练，动作速度越快。

3. 位移速度

位移速度是指周期性运动（如跑步和游泳等）中人体通过一定距离的时间。以跑为例，位移速度主要取决于步长和步频两个变量，而步长和步频又受多种生物学因素的制约（如图 5－41）。

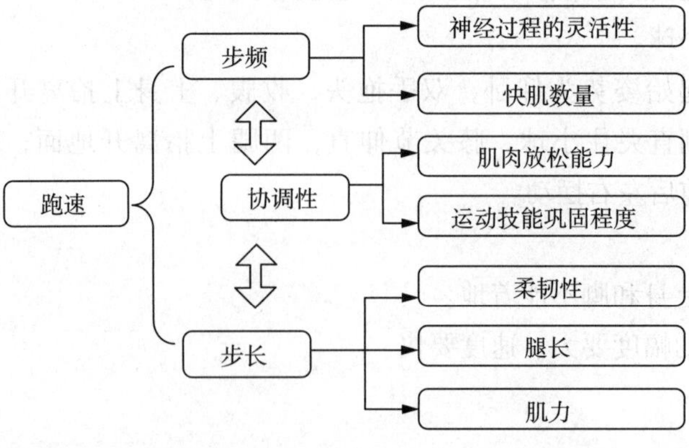

图 5－41

（二）测试知

1. *反应速度：用刻度尺测定反应速度——落尺实验*

场地器材：自制计时尺，桌椅。

方法：受试者坐在桌子一侧（图5-42），手伸出桌面10厘米，使拇指与食指分开约2厘米，大拇指与食指上缘呈同一水平。测试者抓尺上端，置尺于受试者大拇指与食指之间，尺的零点基线与拇指上缘在同一水平。受试者眼视尺上醒目区（0.12～0.3秒），令其在尺下落时用手捏住。受试者不能看测试者的手，也不能用手上下移动抓尺。每次落尺前测试者要发预备口令，共测20次。受试者捏尺的拇、食指上缘的刻度为测量值。去掉最好的和最差的各5次，取中间的10次均值，群体测量时可测3次，取中间值为成绩。

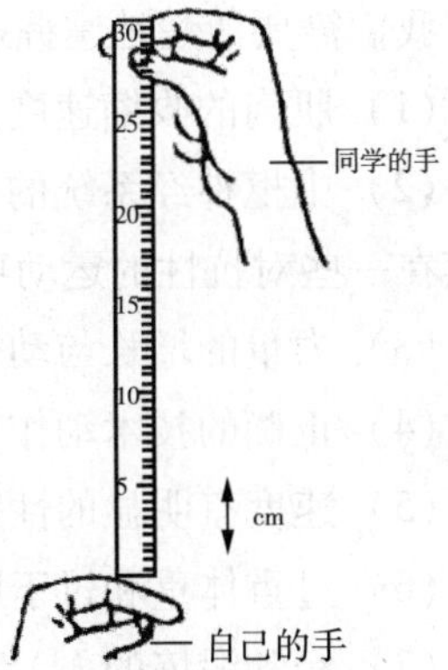

图5-42

注意事项：正式测验前，受试者可先练习几次，预备口令至落尺间隙一般应把握在1.5～2秒，但每次时间不能固定不变，当受试者有明显的预抓动作时，该次按无效处理。

评价：高中男生平均反应时间为0.16秒，其成绩范围在0.13～0.22秒；小学一年级学生平均成绩约0.26秒。

2. *动作速度：4秒钟冲刺跑*

场地器材：50米的跑道（跑道上距起跑线10米后每隔1米划1条横线）、口哨，秒表。

方法：受试者以站立式起跑姿势立于起跑线后，听到信号后以最快速度跑完4秒钟。计时员开表到4秒钟时吹哨，计距员立即记录受试者所跑的距离。

注意事项：

（1）要以受试者的胸为判断距离的依据。

（2）计距员应在哨响时受试者可能跑到的地方预等。

（3）记录以米为单位，不足1米则舍去。

3. *位移速度：定距离短跑（30米、50米、60米）*

场地器材：30米、50米、60米跑道，发令枪，秒表。

方法：受试者至少两人一组，可以用任何起跑方式，听到起跑令后，迅速沿跑道快跑，测试员开始计时，受试者躯干到达终线时停表。所用的时间就可以反应受试者的位移速度。

注意事项：

（1）以发令枪的烟雾为信号，运动员全力加速。

（2）受试者做好充分的准备活动，要穿运动鞋，不得穿凉鞋和钉鞋。

（3）测试时，若遇风，一律顺风跑。

（三）评价知

面对当前身体素质差异较大的中学生，要做到正确且全面地评价中学生的速度素质，我们需要清楚地掌握影响速度素质的主要因素有以下几点：

（1）肌肉的收缩速度是决定速度的主要因素。

（2）中枢神经系统的机能状态和神经肌肉的调节机能对反应速度有一定的影响。尤其在一些对抗性的运动项目中，如篮球、足球等。

（3）力量的增长与动作速度和位移速度密切相关。

（4）正确的技术动作有利于速度的发挥。

（5）速度有明显的性别和年龄差异。

（6）过重体重和过于肥胖影响速度。

（7）经常锻炼的人，无论反应速度、动作速度、位移速度均比一般人快。

对中学生的速度素质进行评价是为了让学生能更清楚地了解自己身体状况水平，同时制定一个合理的目标，促进学生不断进步。

1. 反应速度的评定

人们通常通过测定反应时，即运动员对信号刺激做出反应所需的时间来评定运动员反应能力。对反应时的评定，可以通过实验室的测试进行评定，也可用简易的方法进行测量与评定（如落尺实验）。

表5－11为落尺实验的计时尺时间（秒）与刻度距离（厘米）对照表，高中生平均反应时间为0.16秒，其成绩范围在0.13～0.22秒。

表5－11　计时尺时间与刻度尺距离对照表

时间（秒）	距离（厘米）	时间（秒）	距离（厘米）	时间（秒）	距离（厘米）
0.05	1.225	0.15	11.025	0.25	30.625
0.06	1.746	0.16	12.544	0.26	33.124
0.07	2.041	0.17	14.161	0.27	35.721
0.08	3.136	0.18	15.876	0.28	38.416
0.09	3.969	0.19	17.689	0.29	41.209
0.10	4.900	0.20	19.600	0.30	44.100
0.11	5.929	0.21	21.609	0.31	47.089
0.12	7.056	0.22	23.716	0.32	50.176
0.13	8.281	0.23	25.921	0.33	53.361
0.14	9.640	0.24	28.224	0.34	56.644

2. 动作速度的评定

因动作速度属于某一个技术动作，如抓举的动作速度、跳跃起跳的动作速度等，所以动作速度的测量是与技术参数测定联系在一起的，像出手速度、起跳速度、角速度、加速度等。此外，可以通过对连续反复多次完成同一动作计时求出平均的动作速度。

表5－12为高中生4秒钟冲刺跑的评价标准，仅供参考。

表5－12　4秒钟冲刺跑测试

等级	高中生（男）	高中生（女）
优	28.34以上	23.16以上
良	26.82～28.04	21.94～22.88
中	24.99～26.51	19.81～21.64
下	21.33～24.63	17.98～19.50
差	0～21.03	0～17.67

3. 位移速度的评定

测定移动速度的手段常常用短距离跑，根据不同测试目的选定跑动距离。10米、30米、60米、100米、120米，表5－13为50米跑测试的评价标准，仅供参考。

表5－13　50米跑测试

四级评价	评分标准	男生			女生		
		高一年级	高二年级	高三年级	高一年级	高二年级	高三年级
优秀	100	7.1	7.0	6.8	7.8	7.7	7.6
	95	7.2	7.1	6.9	7.9	7.8	7.7
	90	7.3	7.2	7.0	8.0	7.9	7.8
良好	85	7.4	7.3	7.1	8.3	8.2	8.1
	80	7.5	7.4	7.2	8.6	8.5	8.4
	75	8.0	7.9	7.7	9.1	9.0	8.9
及格	70	8.5	8.4	8.2	9.6	9.5	9.4
	65	9.0	8.9	8.7	10.1	10.0	9.9
	60	9.5	9.4	9.2	10.6	10.5	10.4
不及格	50	9.7	9.6	9.4	10.8	10.7	10.6
	40	9.9	9.8	9.6	11.0	10.9	10.8
	30	10.1	10.0	9.8	11.2	11.1	11.0
	20	10.3	10.2	10.0	11.4	11.3	11.2
	10	10.5	10.4	10.2	11.6	11.5	11.4

（四）提高知

1. 反应速度

1）提高反应速度的主要手段

（1）信号刺激法：利用突然发出的信号提高运动员对信号的反应能力。该方法要求运动员能对各种信号迅速做出反应，如通过教练员的口令、鸣哨和鸣枪等信号。

（2）运动感觉法：通过提高运动员本体感受及对时间空间的感知能力，来提高反应能力的方法。

（3）移动目标练习：对移动目标（如球、对手或教练员）的变化做出反应的练习方法。适合于球类项目的防守动作、击剑、乒乓、排球、羽毛球、冰球等项目的反应速度训练。

（4）选择性信号反应练习：运动员通过对几种复合信号做出选择性判断，只对其中一种信号做出应答反应，来提高反应速度的训练方法。

2）提高反应速度的具体方法

（1）以田径活动为载体提高学生的反应速

① 蹲地转身跑（主要运用信号刺激法）

训练方法：学生蹲在地上背向起跑线，当听到教师响哨时，立即转身出发，跑到5米处的终点线，如图5-43。

（a）　（b）

图5-43

练习负荷：3次为一组，每组间歇时间可为1分钟。

练习目的：提高学生安静状态下通过接受听觉信号的反应速度。

进阶练习：可以将蹲地进阶为坐地。

注意事项：练习时要保持环境较为安静；起跑发令要清晰明确。

② 听信号做动作（主要运用选择性信号反应练习）

训练方法：学生在原地听信号做跑的专项练习，教师发信号：一声哨响为高抬腿；两声哨响为小步跑；一次拍掌为后踢腿跑；两次拍掌为后蹬跑，学生听信号做出相应的动作练习，如图5-44。

图 5－44

练习负荷：每次 1 分钟，2 次一组，每组间歇时间可为 1 分钟。

练习目的：提高学生在运动状态下通过接受听觉信号的反应速度。

进阶练习：可将信号的种类增多。

注意事项：练习时要保持环境较为安静；信号发令要清晰明确。

（2）以球类活动为载体提高学生的反应速度

① 篮球为例——限时运球（主要运用运动感觉法）

训练方法：学生站底线后，听到教师发出的信号，快速运球到中线，然后折返回底线。第一次运球完后，教师告知学生所用的时间。接下来练习之前，学生先报告估计所用的时间，然后教师再告诉准确时间，最后要求学生按事先确定的时间完成运球动作。

练习负荷：5 次为一组，每组间歇时间可为 1 分钟。

练习目的：提高学生对时间判断的能力。

进阶练习：可以将事先确定的时间缩短。

注意事项：运球过程中不可掉球，若掉球需重新开始。

② 足球为例——踢高空球接球（主要运用了移动目标练习）

训练方法：学生站在原地进行向空中大力踢球，判断足球的运动方向和速度，然后迅速向判断的方向移动，在球落地之前接住足球。

练习负荷：3 次为一组，每组间歇时间可为 1 分钟。

练习目的：提高学生对移动目标的变化做出反应的速度。

进阶练习：可进阶为在接球之前做一个转身动作。

注意事项：保持场地空旷，地上没有障碍物。

3）反应速度训练应注意的问题

（1）反应速度能力遗传度高，发展空间较小。反应速度由神经反射通路的传导速度所决定，很大程度上取决于遗传因素，通过训练可使运动员潜在的反应速度能力表现出来。

（2）要求运动员注意力集中。训练中运动员注意力集中，神经系统处于适宜的兴奋状态，肌肉处于紧张待发状态，适宜时间为 5 秒左右，最多不能超过 8 秒。研究证明，此时肌肉的反应速度比处于松弛状态时可提高 60% 左右。

2. 动作速度

1）提高动作速度的主要手段

（1）助力或减阻练习法：训练中给予运动员以助力，帮助其快速完成动作的训练方法。具体手段如投掷运动员用轻器械投掷，以体会更快的动作速度的感觉。

（2）预先加难练习法：加大难度、加大阻力进行练习后，突然将阻力，或将难度恢复到正常水平，利用前面练习对神经系统及运动系统较高要求，而形成后续作用（痕迹作用），来有效提高动作速度。

（3）变换训练法：缩小完成练习的空间时间界限（如球类小场地快速完成练习）的练习法。

（4）速度控制训练法：通过主动地对动作速度的有效控制练习来提高运动员动作速度的感知能力，进而提高运动员的动作速度。

（5）信号刺激法：借助信号刺激提高动作速度的方法。如利用同步声音的伴奏，使运动员伴随着声音信号的快节奏而做出协调一致的快速动作。

2）提高动作速度的具体方法

（1）以田径活动为载体提高学生的动作速度

① 节奏变换小步跑（主要运用了信号刺激法）

训练方法：进行原地小步跑练习，教师采用击掌进行有节奏的快慢掌握，学生根据教师的击掌节奏改变步伐的快慢。

练习负荷：每次时间为 1 分钟，间歇的时间为 30 秒。

练习目的：提高学生的单个动作速度。

进阶练习：教师可以加快击掌的速度来提高练习难度。

注意事项：教师需根据学生的能力来控制击掌的节奏。

② 侧向投掷实心球训练（主要运用了助力或减阻练习）

训练方法：学生先利用较轻重量的沙包进行侧向投掷实心球的动作练习，让学生体会到更快的动作速度，从而提高侧向投掷实心球的动作质量。

练习负荷：每组15次，间歇时间为1分钟。

练习目的：提高学生侧向投掷实心球的动作速度，如图5-45。

进阶练习：可以加大沙包的重量。

注意事项：教师需合理地控制沙包的重量。

图5-45

③ 跳高辅助训练（主要运用预先加难练习法）

训练方法：让学生在摆动腿上束沙袋做摆腿练习，除去沙袋后接着再做相同练习，以提高起跳瞬间摆动腿的速度（如图5-46）。

练习负荷：每组15次，间歇时间为1分钟。

图5-46

练习目的：提高学生起跳时摆动腿的动作速度。

进阶练习：加重沙袋的重量。

注意事项：教师需合理的控制沙包的重量。

（2）以球类活动为载体提高学生的动作速度

① 排球为例——快速挥臂击球（主要运用速度控制训练法）

训练方法：把排球吊在距墙1米处，高度也可因人而异。原地站立，连续挥臂用手掌拍击碰墙反弹回来的球。要求速度越快越好，击球时做出鞭打动作。

练习负荷：每组20~30次，重复2~3组，组间歇3~4分钟。

练习目的：提高学生挥臂击球的动作能力。

进阶练习：将排球的高度升高，结合助跑起跳击球。

注意事项：若学生不能熟练掌握快速挥臂击球，可让学生做徒手动作练习。

② 篮球为例——三人制篮球赛（主要运用变换训练法）

训练方法：以篮球场半场为场地，比赛队员为一方三人，比赛时间为10分钟，最后一分钟停表，结束后得分高的一方获胜。

练习负荷：每组10分钟，组间歇20分钟。

练习目的：提高学生的动作速度。

进阶练习：增加比赛的时间，可提高难度。

注意事项：三分线外投进一球算2分，三分线内投进一球算1分。

3）动作速度训练注意的问题

（1）重视建立合理的技术动作

提高动作速度应与掌握和保持合理的技术动作紧密地结合在一起。合理的运动技术必须符合项目运动规律的要求，这有利于运动员生理、心理得到充分的发展，有助于运动员取得良好的竞技效果。如果技术动作不合理，中枢神经系统对肌肉系统中主动肌、协同肌、对抗肌的支配不协调，便会影响到动作的速度，最终影响到运动成绩的提高。

（2）合理变换练习速度

反复做某一个规定动作（如两腿快速交替练习）训练时，应合理变换练习速度。将最高速度与变换速度的练习结合起来，把相对固定（有规格的）的速度练习与变化（无规格的）的速度练习结合起来，避免动作速度稳定在同一水平上，力争让运动员超过平时的最高速度。

（3）练习前充分做好准备活动

动作速度训练强调训练的质量，强度要求较高。充分的准备活动可以使运动员保持一定的神经兴奋性，提高完成动作的质量，避免出现运动损伤。

（4）依儿童特点进行动作速度训练

儿童动作速度训练主要集中在技术的合理性及肌肉的合理用力顺序上，另外，注意运动器官联结装置附近的肌肉力量的发展。如关节、脊柱及一些小肌群的力量，以便为今后的发展打下良好的基础。如少儿乒乓球运动员在发展肌肉力量时非常注意发展前臂的小肌肉群的力量与速度控制能力，尤其是对指关节与腕关节的力量训练。

3. 位移速度

1）提高位移速度的主要手段

（1）起动能力练习：起动训练包括起跑练习、负重短距离加速练习和短跑辅助技术练习。

（2）快速力量练习：指肌肉快速发挥力量的能力，是力量与速度的有机结合。

（3）助力速度训练：也称超最大速度训练法，是指利用器材或场地突破已有的速度极限的练习方法。助力速度训练的基本方法有下坡跑、牵引练习、高速跑步机冲刺练习。

（4）阻力速度练习：为了使加速跑阶段和高速跑阶段的水平速度达到最大限度，阻力训练的目标必须放在加大伸髋肌群的力量上。加大跑动的阻力提高下肢力量的速度训练方法，如上坡跑、拖重物跑（轮胎、降落伞）、沙地跑、水中跑等方法。

（5）速度耐力训练：目的是提高适合不同项目的竞技需要的耐力，包含某一运动的冲刺距离、间歇时间两个基本要素。重复的次数和组数应依正式比赛中的运动强度确定。

2）提高位移速度的具体方法

（1）以田径活动为载体提高学生的位移速度

① 拖轮胎或杠铃片跑（主要运用阻力速度练习）

训练方法：练习者在腰部系绳索，绳索末端系一个汽车轮胎或 10 ~ 20 千克的杠铃片，进行 100 米跑，然后走路返回起点。

练习负荷：一组 4 ~ 5 次，重复 2 ~ 3 组，间歇时间为 3 ~ 4 分钟。

练习目的：提高跑进的速度，增加步长。

进阶练习：增加负重的重量，从而加大难度。

注意事项：根据学生体能合理的安排重量；强调正确的跑进动作技术。

② 下坡跑（主要运用助力速度训练）

训练方法：练习者在下坡道（3° ~ 7°）上快跑，不要迈大步。

练习负荷：每组 4 ~ 5 次，重复 2 ~ 3 组，组间歇 4 ~ 6 分钟。

练习目的：加快学生的步频，从而提高位移速度。

进阶练习：可以延长下坡跑的距离。

注意事项：强调用最高速度的动作节奏；坡度不要过大。

（2）以球类活动为载体提高学生的位移速度（主要运用起动能力练习）

① 篮球为例——滚球追球跑

动作方法：教师在底线将篮球滚出时，学生要用最短的时间将球控制住，防止球滚出另一边底线。

练习负荷：每组 2 ~ 3 次，重复 2 ~ 3 组，组间歇 4 ~ 6 分钟。

练习目的：增强学生在篮球场上的移动素质。

进阶练习：教师可以提高篮球的出手速度，也可以缩短限定的距离。

注意事项：教师要根据学生的能力，合理的控制篮球出手的速度。

② 足球为例——接球冲刺跑（主要运用速度耐力训练）

动作方法：三名队员为一组，相距 15 ~ 20 米成三角形站立，A 将足球高传给 B，在 B 接球后，B、C 全力冲刺进行换位，在换位完成后，由 C 将球踢给 A，A 接球后，A、B 全力冲刺进行换位，在换位完成后，由 B 将球踢给 C，依次轮转。以 8 ~ 10 次高传球为一组练习，中间休息 3 分钟后，继续进行（如图 5 − 47）。

练习负荷：以 8 ~ 10 次高传球为一组练习，重复 3 ~ 4 组，组间歇 3 分钟。

练习目的：提高学生在球场上的位移速度。

进阶练习：增加相离的距离，从而提高难度。

注意事项：练习的时候，踢高传球的队员要注意传球的准确性，冲刺队员要注意进行全力冲刺。

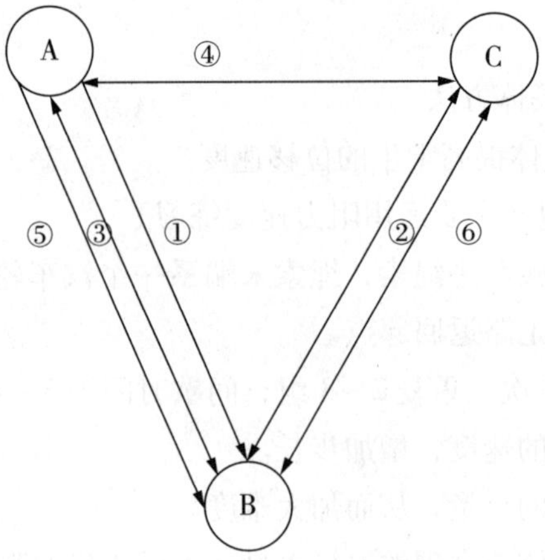

图5-47

（注：线1、3、5表示足球的轨迹，线2、4、6表示人的轨迹）

3）位移速度训练注意的问题

（1）运动员要保持神经系统的兴奋性

训练应在运动员兴奋性高、情绪饱满情况下进行，一般安排在训练课的前半部分。

（2）速度素质训练应避免形成速度障碍

产生速度障碍的客观原因：由于技能动力定型的形成，运动员技术动作的空间时间特征都趋于稳定；随着运动水平的提高，运动员神经过程灵活性的改进和肌肉收缩所需能量的提供会遇到更大的困难，而运动员向前移动所需克服的阻力则更大。

产生速度障碍的主观原因：过早的片面发展绝对速度；基础训练不够；技术动作不合理；训练手段单调；负荷过度、恢复不好；等等。出现速度障碍时，可采用牵引跑、变速跑、下坡跑、带领跑、顺风跑等手段予以克服。

（五）游戏知

1. 反应速度

游戏名称：听数抱团。

游戏目的：集中注意力，提高反应能力和上课的兴趣。

游戏准备：平地。

游戏方法：游戏者围成一个圆圈，并做逆时针环形慢跑。当听到组织者喊出“2”或“3”等数字口令时，游戏者立即按该数字2人或3人等抱成一团，少于或多于组织者所喊数字的均为失败。

游戏规则：听到组织者喊出某个数字时，立即按该数字相同的人数抱成一团。

2. 动作速度

游戏名称：机警换位。

游戏目的：提高动作的敏捷性。

游戏准备：平地。

游戏方法：把游戏者分成人数相等的两队，间隔 3 米，成两列横队面对面站立，选出一人做守卫队，站在两列横队的中间。游戏开始，队列中的人努力尝试与对面的人互换位置，而不被守卫人发现。守卫人则要竭力监视所有企图换位的人，一经发现立即喊出他的名字，被喊出名字的队员与守卫人互换，游戏继续进行。

游戏规则：

（1）换位必须双方互换，只有一方换过去，若被守卫人喊出名字，也算被发现。

（2）守卫人发现换位，必须在其换位动作完成前喊出名字，方为有效。

3. 位移速度

游戏名称：换球接力。

游戏目的：提高奔跑的速度和灵活性。

游戏准备：在地上画一条线做起跑线，在线的正前方，每隔 6 ~ 8 米画 1 个圆圈，每组画 3 个，画若干组。

游戏方法：把学生分成 4 ~ 5 人一组，成纵队站在起跑线后，每组第一个人的前脚踏在起跑线上并拿三个小球做好比赛准备。开始后，每组第一个人向前前跑，把 3 个球依次摆进小圆圈内，之后跑回起跑线。由第二个人接力跑，把 3 个球拿回交至第三个人，第三个人同第一个人直到全组完成。先完成的组为获胜。

游戏规则：

（1）球必须放定在小圆圈内，如果球出圈需重新放好。

（2）中途掉球，捡起来继续比赛。

（3）必须等前一人回到起点线后，接力人才可出发。

六、反应时

（一）身体知

反应时是指人体接收刺激到发起一个动作所需要的时间，有时也称“应答时”。人的感知觉包括视觉、听觉、触觉和本体感觉等，因此反应时可根据接受刺激的感受器分为视觉反应时、听觉反应时等，也可以根据刺激的数量分为简单反应时、选择反应时和辨别反应时。一般人反应最快的时期在 19 岁左右。

通过发展灵敏、速度能力的体育活动和球类练习能够有效地提高反应能力，快速反应能力是视觉、听觉、触觉等感觉器官从接受外界信号刺激到运动系统所做出反应快慢的一种能力，反映了感受器、信号传入、信号处理、信号输出、效应器等的敏感程度。在心理学上反应时的定义为：从刺激呈现到反应开始之间的时间间隔为反应时或反应的潜伏期。学生快速反应能力的快慢与神经系统密切相关，青少年时期的反应时有很大的提升空间，通过长期有针对性的练习刺激，可以缩短神经系统的传导时间，提高反应速度，达到提高青少年快速反应能力的要求。学生快速反应能力的增强对提升学生的速度素质有较大帮助，也可促进专项运动技术水平的提高。

（二）测试知、评价知

1. 选择—反应—动作

目的：测量对选择性刺激迅速、准确做出反应和动作的能力。

场地、器材：平坦地面，秒表、皮尺。

测试方法：受试者双脚分开自然站立于场地中点（如图 5－48），测试者手持秒表上举，突然向左或向右摆动，同时开表，受试者向摆臂方向跑至边线即停表。测量 10 次，两边各 5 次，每次之间的间隔时间 20 秒左右。

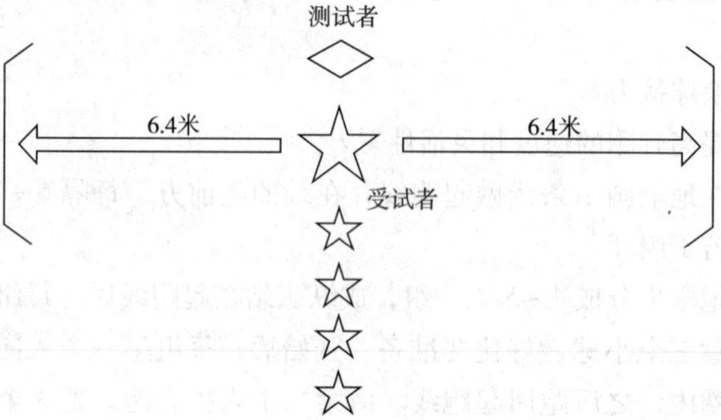

图 5－48

注意事项：测试者每次摆臂方向是随机不确定的，预跑和起跑信号之间间隔时间在 1.5～2 秒。受试者若跑错方向，计时表不停，应纠正方向跑至边线再停，见表 5－14。

评价：10 次测量的平均时间为测量成绩，评价标准参照表。

表 5－14 “选择—反应—动作”评价标准 单位：秒

等级	男学生	女学生
优	1.60 及以下	1.90 及以下
良	1.90～1.65	2.20～1.95
中	2.70～1.95	2.85～2.25
下	3.00～2.75	3.15～2.90
差	3.05 及以上	3.20 及以上

2. 单手反应

目的：测量手对视觉刺激的反应速度。

场地、器材：自制计时尺，桌椅。计时尺如图 5－49（a），是根据自由落体加速度计算公式计算出时间并作为读数刻在尺面而制作的。

测试方法：受试者坐在桌子一侧，肘关节放于桌子边缘，手伸出桌面 10 厘米，使拇指与食指上缘呈同一水平。测试者抓尺上端，将尺垂直放置于受试者大拇指与食指之间，尺的零点基线与拇指上缘在同一水平。受试者眼视尺上醒目区（在0.12～0.13秒），令其在尺下落时用手捏住［如图5－49（b）］。受试者不能看测试者的手，也不能用手上下移动抓尺。每次落尺前测试者要发预备口令，共测20次。受试者捏尺手的拇、食指上缘的刻度为测量值。去掉最好的和最差的各5次，取中间的10次均值。群体测量时可测3次，取中间值为成绩。

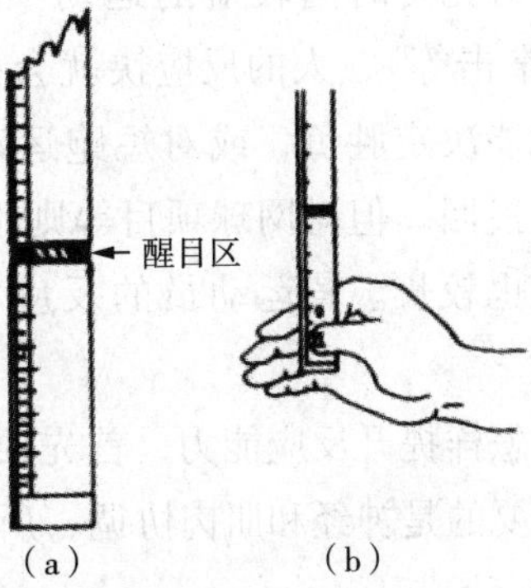

图5－49

注意事项：正式测验前，受试者可先练习几次。预备口令的间歇时间一般在1.5～2秒，但每次时间不能固定不变；当受试者出现了明显的手抓动作时，则该次无效。计时尺时间与刻度距离对照见表5－15。

表5－15 计时尺时间与刻度距离对照表

时间（秒）	距离（厘米）	时间（秒）	距离（厘米）	时间（秒）	距离（厘米）
0.05	1.225	0.15	11.025	0.25	30.625
0.06	1.746	0.16	12.544	0.26	33.124
0.07	2.041	0.17	14.161	0.27	35.721
0.08	3.136	0.18	15.876	0.28	38.416
0.09	3.969	0.19	17.689	0.29	41.209
0.10	4.900	0.20	19.600	0.30	44.100
0.11	5.929	0.21	21.609	0.31	47.089
0.12	7.056	0.22	23.716	0.32	50.176
0.13	8.281	0.23	25.921	0.33	53.361
0.14	9.640	0.24	28.224	0.34	56.644

（四）提高知、游戏知

1. 训练策略

反应能力的提高并不是一朝一夕的事，除了天赋之外，更多的是与专门的大脑训练密不可分。一般未受过专门大脑训练的人，靠神经的反应能力是很难超乎常人的。提高反应能力，就是提高对外来信号的反应、迅速做出相应动作的能力。

在不同的环境和运动项目中外来信号会有所不同，但大多数是通过人的眼睛、耳朵、肌肉等感知的。反应能力的水平是以感受到信号时到开始做出相应动作的时间段来表示的。反应时间可分为单纯反应时间和选择反应时间。选择反应的能力对进行各种体育运动的影响比较大，反应快的人的单纯反应时间为0.2～0.3秒。

对比赛时间较短的运动项目（如100米短跑）及最初的动作就很重要的项目（如拳击等），人的反应快就会有很大的优势。有时在重要的比赛中，往往最初的一击就能决定胜负，或对短跑运动员来说，若起跑慢半拍的话，后面再如何努力，也不可挽回。但对网球项目等则不一样，双方运动员竞争的时间比较长，决定胜负的过程也较长。若运动员的反应能力较差的话，有时在场上会出现“先衰后胜”的情况。

怎样提升反应能力，首先要提高精神集中的能力。在提高反应能力的训练时，至关重要的是神经和肌肉协调，所以训练时间不需要太长，以中枢神经不感到疲劳为宜（约6秒）。

提高反应能力的前提是有一个旺盛的中枢神经机能。若中枢神经机能较弱，精神无法集中，集中精神的能力就不会很好，反应能力的提高也就化为乌有。了解了这些关系之后，再放松神经，轻松愉快地进行训练才会有好的结果。提高反应能力的训练不可在疲劳时进行，结果只会适得其反。

2. 游戏练习法

1）反应接球

练习功能：学生快速反应及快速起动能力的提高。

练习器材：小球。

练习方法：将全班学生分成为2组，2组人员面对面站立，2名学生有1个球，间隔为1米。教师发“开始”口令后，1名学生1只手抓球，手心向下向上抬起，将胳膊举至与地面平行时，手自然张开，使球自由下落，另1名学生快速起动并将球接住。小球落没有接住球的学生退出比赛，坚持到最后的小组为获胜组。

注意事项：保持好前后左右的间距，集中注意力，双脚可以前后移动。

拓展练习1：与练习方法相同，可将双手放于大腿两侧或背于身后进行练习。

拓展练习2：与练习方法相同，可将口令改为向左接球或向右接球。

拓展练习3：与练习方法相同，可将口令改为左手接球或右手接球。

拓展练习4：与可将每个小组以纵队的形式站立，进行前后接球，先完成接球的队伍获胜。

2）起动接球

练习功能：发展学生快速反应及快速起动能力。

练习器材：平坦场地、小球。

练习方法：将全班学生分成4组，每组成一路纵队站于起点线后，每组1名学生手持1个球站于终点线上；根据学生的能力来决定起点线与终点线的距离。教师发“开始”口令后，站于终点的学生上臂上抬，当与地面平行时，手自然张开，让球自然下落，第1名学生迅速从起点线冲向终点线，将球接住（如图5－50）。

注意事项：集中注意力，接球时注意节奏。保持左右间距，接球时避免发生碰撞。

图 5－50

拓展练习 1：方法同上，以小组竞赛的形式进行练习，依次轮换接球者，用时最短的组获胜。

拓展练习 2：每组成一路纵队，背向终点线站于起点线后，每组 1 名学生手持 1 个球站于终点线上，根据学生的能力来决定起点线与终点线的距离。教师发“开始”口令后，站于终点的学生上臂上抬至地面平行时，手自然张开，让球自然下落，第 1 名学生迅速从起点线冲向终点线接球，接住多的组为获胜组。

拓展练习 3：同学与自己相距 3～4 米。同学两手中各拿一个球并且随意放下其中一个球。自己要在同学放下球的瞬间向前跑，在球从地面弹跳起来一次后将球抓住。经过一段时间的训练后，双方之间的距离可逐渐加大。另外，还可让自己与同学之间的站立距离在 1～1.5 米。自己要在球落地之前将球抓住。此方法主要是训练自己能反复提踵，开始跑的反应能力。

3）击球

练习器材：网球场，软式网球。

练习方法：这是种配合训练。使用软式网球的球，在网球场内进行。自己在抓到球后必须在三步内将球投出去，以锻炼躲避、抓球的能力。

4）守门员训练法

练习方法：二人一组使用羽毛球进行练习。一人背向足球的球门，另一人站立距其 4～5 米处尽可能向球门内掷球。背向球门的人用球拍反击掷过来的球。在回击球中，自己可以学到打截击球时的准备动作，同时也锻炼了反应能力。

第六章 运动损伤的预防与急救

一、运动损伤的概述

（一）运动损伤的概念

运动损伤即体育运动过程中所发生的损伤。它与一般的生产或生活中的损伤有所不同，它的发生与运动训练水平、运动项目、运动训练安排、技术动作、运动环境及条件等因素有关。为了有效地预防运动损伤并及时地处理，掌握运动损伤产生的主要原因、分类及预防是非常必要的。

（二）运动损伤的分类

（1）按损伤组织的不同，可以分为挫伤、肌肉韧带拉伤、扭伤、关节脱位、四肢骨折、内脏损伤、脑震荡等。严重的运动损伤并不常见，多数是肌肉韧带和关节的损伤。

（2）按损伤组织的创面可分为开放性损伤和闭合性损伤。开放性损伤是指损伤后皮肤的完整性遭到破坏，伤口与外界相通，如擦伤、刺伤与开放性骨折等；闭合性损伤是指受伤后皮肤仍保持完整，伤处无裂口与外界相通，如挫伤、关节扭伤、肌肉拉伤与闭合性骨折等。

（3）按伤情轻重可分为轻伤、中等伤和重伤。

（4）按损伤病程可分为急性损伤和慢性损伤。

（三）运动损伤产生的原因

1. 思想上的原因

运动损伤的发生与体育运动参与者安全意识不够、思想过于麻痹大意有着直接的关系。例如，运动前不检查器械和场地，盲目或冒失地进行体育锻炼；情绪紧张，急于求成；预防措施不得当，过于好胜好奇，忽视了循序渐进和量力而行的原则；在练习中由于畏难、恐惧或者害羞，产生犹豫不决和过分紧张等心理状态造成了运动损伤。

2. 准备活动方面的原因

据相关调查资料表明，缺乏准备活动或准备活动不正确，是造成运动损伤的又一重要原因。在准备活动上常存在的问题有：

（1）不做准备活动。在中枢神经系统和其他各器官系统的功能尚未做好准备的情况下，就进行紧张的体育活动，容易发生肌肉拉伤、挫伤和扭伤。

（2）训练或比赛前准备活动不充分或对准备活动的生理作用认识不足。做准备活动马虎、敷衍，在神经系统和各器官的功能尚未达到适宜的水平，就进入紧张的体育活动，因此发生伤害事故。

（3）缺乏专项准备活动，准备活动的内容没有能够很好地与课内体育活动的内容结合，运动中主要负担部位没有充分地改善，容易发生组织损伤。

（4）准备活动的量过大，身体还没有正式进入运动就已感到疲劳。当进入正式运动时，身体的机能不处于最佳状态，运动能力有所下降，易造成运动损伤。

3. 运动技术方面的原因

技术动作上的错误，是从事运动训练或学习新动作时发生损伤的主要原因。由于动作要领没有掌握好，容易做出错误动作而造成损伤。例如，练习跳马支撑腾越时，没有掌握好助跑和踏跳的衔接，速度过快而导致向前冲力过大，身体控制不住而向前摔倒受伤；排球传球时，由于手形不正确引起手指挫伤，等等。

4. 运动负荷安排上的原因

在安排训练运动量时，没有充分考虑学生个体的生理特点和体质差异，运动负荷超过其能承受的生理负担量，尤其是局部负担量过大，造成损伤。

5. 运动场地与设施方面的原因

运动场地狭小、地面不平、运动器械安装不当或不牢固、运动时的服装和鞋子不符合体育卫生的要求、做难度动作时保护不到位和必要的防护器具（护腕、护膝、护裆等）没有备齐等，均容易引起损伤。

6. 气候条件方面的原因

气温过高或过低、噪声、空气污浊、光线暗淡等不符合要求的原因，都可直接或间接造成运动伤害。

（四）运动损伤的预防

（1）加强运动安全教育，克服麻痹思想，提高预防损伤意识。

（2）认真做好准备活动，对可能发生运动损伤的环节和易伤部位要及时做好预防措施。

（3）合理组织安排锻炼，合理安排运动量，防止局部运动器官负担过重。

（4）加强保护与帮助，特别要提高自我保护能力。如摔倒时，立即屈肘低头、团身滚动，切不可用臂或肘部撑地；由高处跳下时，要用前脚掌着地，注意屈膝、弯腰，两臂自然张开，以利缓冲和保持身体平衡。

二、运动损伤的处理

（一）软组织损伤的病理变化

软组织在体育运动中容易发生损伤，其中包括肌肉、肌腱、筋膜、滑囊、韧带、椎间盘、关节软骨盘等，其中闭合性软组织损伤尤为常见。软组织损伤分为急性损伤和慢性损伤两类。急性损伤是指软组织在强力作用下，组织细胞被破坏，出现淤血和血肿，压迫感觉神经末梢，产生疼痛和肿胀感。由于受淤血量影响，血肿体积越大，神经末梢的疼痛就越严重，同时损伤部位表面出现红、肿、热、痛。由于受伤组织产生保护性反射，出现局部功能障碍。慢性损伤是指长期轻微损伤的累积或急性损伤治愈拖延的结果。

（二）运动损伤的一般常用处理方法

1. 冷冻治疗法

冷冻治疗法是指用冰块、冷水、氯乙烷等比人体体温低的物理因子刺激人体，达到治疗目的的一种物理治疗方法。它能促进局部血管收缩，减少出血，达到止血、防肿、退热的作用；并且能够对感觉神经末梢起到抑止作用，以达到镇痛和麻醉的效果。

方法：用冷水浸湿毛巾敷于受伤部位，每 2 分钟更换一次。或用冰袋（冰块），对局部进行冷敷，每次约 20 分钟。

适应症：适用于急性闭合性软组织损伤早期（如急性脚踝扭伤）。

注意事项：面部损伤严禁喷射氯乙烷；在冬季注意非治疗部位的保暖，防止感冒。

2. 温热疗法

用热水袋热敷、红外线等比人体体温高的物理因子作用于人体，达到治疗目的的一种方法。它能使局部血管扩张，促进血液循环，从而活血、散淤、消肿；提高组织细胞的新陈代谢，促进淤血和渗出液吸收，从而解除痉挛、镇痛、减少粘连并促进伤口愈合。

方法：

（1）热敷法。用热水袋、热毛巾、热水，对局部进行热敷，每天 1 ~ 2 次，每次 30 分钟，无热感时更换。

（2）红外线疗法。距离治疗部位 30 ~ 50 厘米，进行裸露照射，每次照射 20 分钟，每天 1 ~ 2 次。

适应症：急性闭合性软组织损伤中后期，以及慢性软组织损伤。

注意事项：皮肤过敏者不能用此法，防止烫伤。红外线照射时注意避开眼睛。

3. 常用药物

内服药有三七片、沈阳红药、七厘散、云南白药胶囊、跌打损伤丸等。外用药有红花油、正骨水、膏药等。

作用：活血化瘀，消肿止痛。

4. 绷带包扎法

常用的绷带有两种：卷带、三角巾。特殊情况下可用毛巾、头巾、布条等代替。其作用是固定敷料、压迫止血、固定夹板、保护伤口、支持伤肢。使用时要柔和，不要触及伤口，包扎的松紧度适宜，包扎时从伤处的远端开始，最后可用别针或将卷带纵向剪开打结固定，但结不能打在伤口上。

5. 伤后康复体育锻炼

伤后有针对性的功能性体育锻炼，可以促进受伤组织早日愈合，防止组织发生粘连；保持神经和肌肉处于适宜的紧张度，防止肌肉萎缩；保持身体各器官处于良好的机能状态，防止体质下降。但是，伤后锻炼是一件细致复杂的工作，不同于常规的体育锻炼，要注意以下几点事项：

（1）合理安排受伤部位的锻炼负荷量，不能引起伤口开裂和剧烈疼痛。

（2）最好能在医生的指导下进行功能锻炼。

三、常见运动外伤的现场急救

（一）急救的基本知识

体育运动中，如果发生关节脱位、骨折、休克、脑震荡等较重的损伤时，掌握一些基本的急救方法是非常必要的。当发生重大损伤后，首先要判断情况，冷静下来按顺序做如下处理：

（1）呼叫伤者，判断伤者有无意识。

（2）判断是否有呼吸，如果昏迷但是有呼吸，应首先保障伤者的呼吸通畅，将其置于舒适的体态，实施保温；如果有外伤，先包扎并将其送至医院救治。

（3）如果没有呼吸，应立即施行人工呼吸。

（4）如果没有脉搏，就要实施胸外心脏按压。

（二）运动中常见损伤的急救

1. 擦伤

擦伤是最常见的一种轻外伤。例如与他人或器械发生碰撞，在运动中摔倒都可能引起擦伤。擦伤的处理方法首先可以用凉水冲去表面的灰尘、细沙等异物，如果有出血，创口较小则用干净的物品（手绢或布料等）按压伤口减少出血；如果受伤部位位于上、下肢，出血较多，则可以握住伤口远侧的位置以减少出血，然后及时到医务室进行消毒包扎。

2. 挫伤、肌肉拉伤和关节韧带扭伤

在运动中，由于被踢打、相互冲撞、受到足球或器械等的撞击，或钝力直接作用于身体某部位都可能发生挫伤。最常见的挫伤部位是大腿和小腿的前部，而头、胸、腹部和睾丸的挫伤也时有发生，并常因某些器官的损伤而合并休克。

肌肉的拉伤是指肌肉主动收缩时的力量超过了肌肉承受的能力，或是肌肉受力牵拉时超过了本身的伸展程度而造成的肌肉损伤。常见的有，在踢足球和短跑时小腿和大腿肌肉拉伤。

关节韧带扭伤是由于在外力作用下，关节发生超常范围的活动所导致。根据外力的大小，较轻的扭伤可引起韧带部分纤维的断裂，较重的可导致韧带完全断裂，同时合并发生其他损伤。体育运动中常见的扭伤有：由于场地不平整，跳起落地时身体失去平衡而导致踝关节外侧副韧带的扭伤；打篮球、排球时，手指受到球的撞击引起掌指关节或指间关节的扭伤。

当上述三种外伤发生时，千万不要按揉，避免出血肿胀的加重。应该立即用毛巾等包裹冰块后冷敷，不 sk 直接将冰块放在受伤局部。如果现场没有冰块，可以用冷水冲洗局部，这样可以减轻肿胀，起到镇痛的作用。同时用毛巾等加压包扎受伤部位，抬高受伤肢体，避免支撑重量，然后再到医务室或医院做进一步治疗。

3. 骨折与关节脱位

骨折和脱位是较严重的外伤，一旦发生，由于疼痛剧烈和其他的并发症易导致受人员休克，如果不正当的处理会引起损伤的加重。在运动中的蹬踏、相互冲撞、摔倒时受到地面的反作用力等，可引起骨折和脱位的发生，一般上、下肢的骨折和脱位发生较多。骨折和脱位发生的当时会出现受伤部位的疼痛、肿胀、畸形和关节功能丧失等症状。如果没有专业的骨科医务人员，应第一时间送医就诊。

（1）止血

对于有出血的，首先应止血。如用干净的布类或用无菌材料覆盖在伤口上，同时加压包扎。如果上、下肢的骨折，有较大的动脉出血（出血量大、急，血色鲜红），可用毛巾、宽布条或胶皮管捆扎在伤口的近心端，但不可直接缠绕在患处，其间应垫以布片或棉花等软物，并放一卷垫物在动脉位置上，以加强效果，每隔 15～20 分钟要放松 15 秒，放松时应在伤口上用敷料压迫止血。

注意不要冲洗出血的伤口；露在伤口外的骨端未经处理不可放回到伤口内，以免引起感染；应盖上干净的布类或无菌材料。

（2）就地固定受伤部位

及时固定可以避免伤骨或脱位端的移动，减轻疼痛防止损伤加重，且有利于转运。不要勉强解脱受伤者的衣服，避免不必要的搬动，制止受伤者做各种活动，如下肢骨折时不要搀扶其行走，如果受伤肢体肿胀严重，可剪开其衣服。

对于未经固定的伤员，在没有把握或条件不充分的情况下，对骨折、脱位造成的肢体弯曲、扭转或畸形不可勉强复位，可就地选用毛巾、木板、木棒、宽布条等物品，也可用受伤者的健侧肢体或躯干进行临时固定。固定的范围，一般在受伤肢体的上下两个关节，要用毛巾或替换垫在固定物的两端、空隙处和骨突处，防止产生压迫性损伤。如果肢体明显畸形而妨碍固定时，可以将伤肢沿纵轴稍加牵引后固定。上肢固定后，可用布条或衣物等悬挂于胸前，下肢固定后应与健侧捆缚在一起后再转运。

固定要牢靠，松紧度要适宜。过松则失去固定的作用，过紧则会压迫血管神经。在固定时，应露出指趾端，以观察血液循环的情况。如果趾端出现苍白、青紫、发麻、发凉、疼痛时，应立即调整松紧度或重新固定。

（3）正确地转运

包扎固定后，不可以背起受伤者慌张就医，应采用一人抱头、一人抱腿的抬法。为了防止受伤处摩擦损伤周围的血管、神经及重要器官和引起疼痛，不要让受伤者屈身侧卧。

对于有脊椎骨折或疑似脊椎骨折的受伤者，不要随意搬动和进行不必要的检查；无论受伤者是仰卧还是俯卧，尽可能不要变动原来的位置；禁止用软物或被单抬运，以免加重错位，使脊椎进一步损伤。理想的方法是三人搬运法：即三个人并排蹲着或跪在伤者一侧，用手分别托住其头、肩、背、臀部和下肢，使受伤者保持平卧姿势，然后三人同时抬起，步调一致地向前行进，将受伤者移送或轻轻放至硬板担架上。在送往医院途中，将受伤者四肢和躯干用布条固定在担架上，防止途中颠簸移动增加受伤者的痛苦。疑有腰椎骨折时，如果受伤者处于仰卧位，可在腰上垫上沙袋或卷起的衣物；疑有颈椎骨折时，务必使头部固定于伤后位置，头颈两侧垫上沙袋或卷起的衣物，防止颈部屈伸或左右旋转。

4. 中暑和运动性贫血的处理

由于天热或学生身体虚弱等原因，在体育运动中，出现中暑或运动性贫血的现象。中暑时的处理方法：一是将中暑者移至通风阴凉处。二是体温高用凉水擦拭和冷敷。三是昏迷时要使其侧卧以保障呼吸道畅通。四是中暑者要水喝时，可给予淡盐水。运动性贫血时，应立即停止运动。并进行下列处理：一是应将脚抬高加速血液的回流。二是松解衣服，加速血液流动，昏迷时要使其侧卧以保障呼吸道畅通。

(三）溺水的急救方法

在游泳时，有时因肌肉痉挛或技术上的原因导致溺水。溺水时，水经过口鼻进入肺内，造成呼吸道阻塞，或者因吸水的刺激，引起喉部肌肉痉挛，使气体不能进出，导致窒息和昏迷。如果时间稍长，则因缺氧而危及生命。窒息后，脸色苍白而肿胀，眼睛充血，口鼻充满泡沫，四肢冰冷，神志昏迷，胃腹吸满水而鼓起，甚至呼吸、心跳停止。溺水的急救步骤如下：

（1）立即将溺水者救上岸后，清除口腔中的分泌物和其他异物，并迅速进行倒水，但不要过分强调倒水而延误了宝贵的抢救时间。

（2）立即进行人工呼吸。若心跳已停止，应同时施行心脏胸外挤压法。人工呼吸和心脏胸外挤压以 1∶4 的频率进行，急救者之间应密切配合，进行积极而耐心的抢救，直至溺水者自主恢复呼吸为止。

（3）待溺水者苏醒后，立即将其送医院，做进一步检查和治疗。在运送途中，必要时继续进行人工呼吸。

注意事项：

（1）施行倒水以前，首先应迅速清除口鼻内的分泌物及异物，若有活动假牙也应卸下取出，并将舌头拉出，以保持呼吸通畅。

（2）吹气的压力和气量开始时宜稍大些，10～15 次后应逐渐减少，以维持在上胸部轻度上升为度。

（3）口对口人工呼吸与心脏胸外挤压最好由两人配合进行，两者频率之比为 1∶4 或 1∶5；若为单人操作，两者频率之比为 2∶15。

（4）心脏胸外挤压时，救护者压迫的部位必须在患者的胸骨下段，接触胸骨应只限于掌根部，不可将手平放，手指应向上稍翘起与肋骨离开一定距离，压迫时应带有一定的冲击力量，而不是缓慢的下压。但用力不可过猛，以免引起肋骨骨折，压迫方向应垂直对准脊柱。

（5）挤压后能看到颈动脉或股动脉搏动，上肢收缩压在60mmHg以上，口唇、牙床的颜色较挤压前红润，或者呼吸逐渐恢复，扩大的瞳孔也随之缩小，说明挤压有效，应坚持做到出现自主心跳为止。若挤压后没有上述表现，说明挤压无效，应改进操作方法和寻找其他原因，但不可轻易放弃现场抢救。

（6）在就地抢救的同时，要迅速派人请医生来处理。

（四）休克

1. 休克的诊断

伤后在烦躁不安、呻吟、叫唤、表情紧张、面色苍白、脉搏稍快、呼吸表浅而急促的几分钟或者几秒钟后，精神萎靡、表情淡漠、口渴、头晕、出冷汗、四肢发凉、脉快无力，进而昏迷。

2. 急救办法

（1）体位：把伤者平卧或将头和躯干抬高10°，下肢抬高20°，以增加回心血流量，改善脑部血液回供。

（2）注意保暖：给伤员盖上毛毯或棉被，以免受凉。但不要加温，以免皮肤血管扩张，影响生命器官的血液灌注量和增加氧的消耗。

（3）维持呼吸机能：若呼吸道有分泌物，口、鼻、咽部有血块等，应及时清除。昏迷的伤员头应侧偏，并将舌牵出口外。

（4）控制出血：若伤口有大量的外出血，应及时采用相应的方法进行止血。若有内出血，应迅速送至医院抢救。

（5）止痛：需使病人安静，避免过多的搬动，对疑有骨折、脱位者，应初步进行包扎固定，除严重颅脑损伤外。剧烈疼痛时，可给予止痛剂。

（6）针灸急救：针刺取人中、十宣、内关、百会、涌泉、足三里、太冲等穴，应用大幅度捻转，强刺激手法。针灸选百会、大敦、神阙、隐白、气海、关元等穴，以悬灸为主。

3. 注意事项

（1）首先了解引发休克的原因，在进行急救处理的同时，应尽早去除病因。

（2）应尽早补充循环血容量，否则到了休克晚期，毛细血管容积扩大，需要补足的循环血量则增大，而且晚期易于产生酸中毒、电解质紊乱，以及心、肾功能损害等，增加抢救的困难。

（3）止痛剂（杜冷丁、吗啡等）的用量切忌过大，以免引起迷走神经亢进，使心率减慢和血压下降，并导致呼吸抑制和加重缺氧。

（4）对于损伤引起的休克，抢救开始时，就应用大量的抗生素。

（5）进行简单的急救处理后，应立刻送医院进行彻底治疗。

（6）转送途中应尽量防止颠簸。

（五）肌肉痉挛

肌肉痉挛它是一种机体由于运动而引起肌肉出现的不自主的强直收缩现象。其症状为：局部肌肉僵硬、隆起、疼痛难忍。痉挛肌肉对所涉及的关节的伸屈功能有一定的障碍，且一时不易缓解。

1. 处理办法

不太严重的肌肉痉挛，用均匀、缓慢的力量向相反方向牵引痉挛肌肉，一般都可使其缓解。牵引时，切忌用暴力，以免造成肌肉拉伤。如腓肠肌痉挛，可伸直膝关节，同时用均匀、缓慢的力量将踝关节充分拉伸；此外还可以配合局部按摩——采用重力按压、揉捏手法和针刺委中、承山、涌泉等穴位。严重的肌肉痉挛有时需采用麻醉才能缓解。

2. 预防措施

运动前做好充分的准备活动，特别要注意对容易痉挛的肌肉进行适当的牵引。冬季运动要注意保暖，夏季运动应注意及时补充水分和盐分。运动中，注意肌肉的收缩节奏，特别是应有足够的放松，游泳下水前，应用冷水淋湿全身，以便机体适应冷的刺激。此外，疲劳和饥饿时，不能进行剧烈运动，特别是水中的运动。

第七章 中学生体能锻炼计划的制订和实施

《普通高中体育与健康课程标准（2017 年版）》在体能模块的“内容要求”中明确指出：“掌握体能锻炼计划制订的程序与方法，学会根据自身情况确定锻炼方式、频率、强度和持续时间等。”在“体能模块学业质量水平”的 4、5 级水平中，分别提出“运用科学锻炼原理设计和实施个人体能发展计划”“根据个人特点设计和实施个人体能发展计划”，从中反映出发展体能锻炼计划的设计和实施在体能模块中是尤为重要的。按照“内容要求”进行教学实施，达成“学业质量水平”的较高等级要求，要从引导学生设计和实施发展体能的锻炼设计角度，思考培育、建构和掌握设计与实施锻炼计划的意识、知识和方法，让学生理解设计和实施发展体能锻炼计划的重要意义，并且让其形成体能练习的行为习惯。

一、培育设计和实施锻炼计划的意识

（一）生命的身体意识

在体能训练的教学中，让学生通过各种方式和途径了解认识自身的身体，知道身体在生命发展和其完善教育过程中的存在价值和意义，关爱自己的生命，形成对生命的各种身体教育意识。

（1）通过年级领导干部组织关爱生命的讲座，营造关爱生命的整体氛围。如在新生入校时，对全年级学生进行生命认识与教育的身体理论课，从对生命的发展和完善的身体教育视角出发，向全年级学生诠释身体作为生命的各种物质、社会和精神属性，重点解释身体作为生命存在的意义。

（2）通过课堂教学活动让学生体验生命的珍贵。如在注重发展学生心肺功能和耐力的耐久跑身体教育练习中，为了更好地让全年级学生在训练中能够有效地克服耐久跑生命发展过程中的困难，进行吃苦耐劳和珍爱生命的体验，可以将耐久跑的过程与学生生命发展过程相联系，从而让学生感知生命、珍爱生命。

（3）通过课外的个别辅导活动感受关爱生命的各种生活和经历。如为了更好让个别学生的运动能力和体质健康状况较差的学生能够懂得身体在生命发展历程中的重要性，教师可以和他们进行身体谈话、辅导、练习、共同锻炼等方式，让其更加清楚的认识和了解他们身体的作为对生命发展和存在的重要性和意义。

（二）身体锻炼意识

珍爱自己身体的锻炼对于生命意识的重要性，当学生具有了这种珍爱自己生命的锻炼意识，就必然会深刻地懂得锻炼身体在其生命中孕育和发展的历程以及实践中的意义和重要性，在此，通过参加与发展自身体能及其相关的知识、技能和训练方法的实践教学活动，教师和学生在其发展自身体能的过程和身体练习的体验中，形成锻炼身体的方法和锻炼意识。

（1）通过发展体能理论知识的讲授可以传递学生锻炼身体的方法和基本原理。通过发展体能相关知识模块的学习以及理论课和发展体能实践理论课的结合学习，学生和教师可以更深入地了解发展体能对于生命发展的一些基本原理和主要的方法。如身体肌肉恢复活动时，身体消耗营养物质的作用以及超量肌肉恢复等基本原理。

（2）通过具体的实例，可以分析、比较学生锻炼身体的各种差异和状态。为了更好地让全体学生和教师可以真正感受得到“有身体的锻炼意识”与“无身体的锻炼意识”的巨大差异，教师需要在课堂教学的过程中，创设和运用相应的身体练习情境或方法选择适当的身体练习时机，用具体的生活事例进行分析、对比。如有了身体的锻炼活动意识的学生，不管何时、何地、何环境都可以积极进行身体相应的各种锻炼身体的活动。

（3）通过良好的体能锻炼练习的情境，可以体验学生锻炼身体的良好心理感受。教师需要利用学生获得长期身体锻炼练习成功心理感受的这个时机点，让一些长期体质健康教育水平优良的教师和学生向大家展示和分享良好的长期身体锻炼的意识和训练的效果。并在此基础上创设良好的体能锻炼练习的情境，让教师体验学生良好的“长期身体锻炼活动意识”下的良好心理感受。

（三）锻炼的计划意识

学生有了运动的身体意识，明确良好的体质与健康状态是需要体验。进行长期的身体锻炼，但是发展自身体能的长期身体锻炼还是需要有一套科学的身体训练计划，因此，需要引导教师形成对学生长期锻炼身体的科学计划和意识。

（1）通过良好的体质健康水平测试情境让教师引导学生清楚的认识和了解自身所处的环境和体能健康水平，让学生明确自己的体能健康发展的主要内容和方向一般需要以下几个基本步骤：首先，教师引导每名学生开始进行体质健康水平的测试，然后由教师指导每名学生根据分析所得进行测试的数据，最后由教师确定每名测试的学生当前体质健康所处的状态和体质健康水平的状态。当学生已经初步了解了自己的当前体质健康的水平和状态，就已经可以进行科学合理的培养和发展自己的体能。

（2）通过选择典型的练习模式，学生形成体能锻炼计划的基本内容和样板。教师应该考虑如何选择典型的学生发展自己的体能健康锻炼的设计模式进行的教学活动，让学生充分体验自己实施锻炼设计的方法和过程，同时也应该让全体学生清楚自己制订的体能健康锻炼计划的基本原则及其内容和样板的结构。

（3）教师要通过学生开展小组合作的形式，让学生进行体能锻炼计划的组织实施和活动，引导学生与教师形成体能与练习的交流与锻炼计划小组，形成合作交流与锻炼的整体运行机制。更是让教师与学生在锻炼计划小组实际合作的交流与锻炼监督中，进行发展学生体能的锻炼与计划的实施。如针对不同的行政岗位班级中学生的体能练习情况，组建小组合作，进行发展学生体能的锻炼与计划的实施。

二、建构设计和实施锻炼计划的知识

（一）掌握锻炼运用方法的基本知识

将所有发展学生体能的基本锻炼方法知识归纳为连续重复锻炼的方法、间歇重复锻炼的方法、连续重复锻炼的方法、变换重复锻炼的方法、循环重复锻炼的方法等五种。为了让教师和学生在实践中能够更好地掌握正确的锻炼方法且融入实践中，教学时，需要将具体的可重复身体练习与各种重复锻炼的方法有机结合。

（1）通过整体知识，展示呈现锻炼身体的基本知识点及方法，形成教学知识点的框架。如在体能重复训练模块中，将重复、间歇、连续、变换、巡回等五种可重复锻炼的方法同时呈现。

（2）逐个展示锻炼身体的基本知识点及方法形成对知识点的记忆。如在具体的教学中介绍可重复进行锻炼的方法时，展示“根据锻炼者的需要，在相对固定的条件下反复进行练习的方法”的基本知识点。例如，告诉学生：“这种方法是通过反复练习达到锻炼身体、发展体能、培养意志品质，它的特点是在反复且练习条件固定的情况下练习。”让教师指导学生在基本理解的自身体能基础之上进一步掌握自身体能知识。

（3）体育实践应用基本方法锻炼身体的基本方法是学生形成自身体能知识的内化。基本方法，如在学生发展自身体能的本领和锻炼身体基本动作方法的实际应用中，结合其全面性、意识性、适应性、长期性等提出了锻炼身体的基本原则，与教师和学生的学习和生活紧密相连，形成学生发展自身体能的各种锻炼手段和计划，并在其同伴的支持和协助下指导学生进行设计和实施。

（二）自身体能锻炼方法和手段的选择和知识

如何让教师指导学生在多种多样的自身体能锻炼方法和手段中，选择和指导学生设计一种适合于自己的各种锻炼方法和手段，形成学生发展自身体能的训练本领和锻炼技巧。

（1）从技术体能动作的基础到，体能发展动作锻炼手段技能的知识和发展体能锻炼手段的知识。发展体能的锻炼手段、身体的练习手段是以发展体能技术动作为其体能的基础，并在发展体能技术动作的规范下指导学生进行反复的各种身体动作练习形成的动作锻炼手段技能。如学生需要了解仰卧起坐、引体向上等规范的技术和动作的锻炼手段知识，这样他们在学习中才能正确地掌握和完成仰卧起坐、引体向上等技术规范动作。

（2）从发展动作的技能发展，到学生多种运动锻炼手段技能的发展体能和锻炼的手段技能知识。学生发展身体的练习大多是以发展身体动作和技能的训练形式展开，但也有学生需要按照一定的运动目的和自身的运动逻辑关系，将多种身体动作和技能组合在一起，从而形成用于发展动作和体能的多种运动锻炼手段技能。如，由学生仰卧起坐+50 米快速跑+俯卧撑+800 米蛙跳组合而成的用于发展体能的多种运动锻炼手段技能；由学生坐位体前屈+压腿+静态拉伸和动态拉伸组合而成的，用于发展身体柔韧性的多种运动锻炼手段技能等。

（3）从发展运动的技能发展，到学生体育实践中所应用的发展体能锻炼的手段技能知识。根据学生发展动作和体能的实际需要，将所发展形成的多种运动锻炼手段技能合理的设计出来形成学习和锻炼的计划，在广大学生日常的学习和生活中有效地进行和实施。

（三）学生锻炼运动效果评价的方法基础知识

测量与分析评价学生体能发展水平的途径和方法体。能评价是在制订学生发展其体能的目标和锻炼活动计划中必不可少的重要内容之一。

（1）通过察言观色的方法进行对锻炼身体运动效果的自我评价。如教师通过观察和分析一名学生的表情、嘴唇色、肌肤色以及其呼吸、表情、声音，来准确判断一个学生的心理和身体状况，从而对其运动负荷情况进行及时的调整。

（2）利用观察和感受运动心跳的方法进行对锻炼身体运动效果的自我测量和评价。如对一名学生进行锻炼身体运动心率的自测，让学生清楚地知道按年龄确定最高心率，一般来说年龄越小心率越高。其普适计算公式最大心率=220-年龄（有种说法男 220-年龄，女 226-年龄）。

（3）通过借助先进的仪器设备，可以进行对锻炼身体运动效果的精确分析监控。如要求学生利用 garmintri 运动心率曲线录像带，对学生所需要从事的运动体育项目的运动心率曲线进行实时的监控。对从事不同运动项目的学生，在运动进行过程中的心率进行监控，使其进行运动时的心率和运动曲线更加的符合所从事体育运动的项目特征。

三、掌握设计和实施锻炼计划的方法

引导高中生学习、掌握设计和实施发展高中生体能和锻炼训练计划的方法，需要在学生掌握相应的知识和方法之下进行实施和操作，学生通过设计和实施的操作将其知识和操作方法与实践进行融合。在实践中学生形成积极的身体锻炼和练习的体验，才能真正地掌握和内化这种发展体能和锻炼的基本知识和操作方法，理解实施发展体能和锻炼的计划对于自己的学习和生活的重要意义。

（一）单个动作的技术训练设计

发展动作和体能的技术练习主要可由单个技术动作互相组成的动作和技能训练来完成，在对进行技术锻炼动作有计划的技术训练设计和组织实施的技术训练同时，还需要着重考虑 3 个基本问题。

（1）单个的技术动作用来发展体能的技术锻炼设计必须要科学性和针对性。健身运动如耐久跑、跳绳等，可以使运动员发展全身的心肺功能和耐力；单腿站立、燕式平衡等，可以发展全身的平衡性。

（2）单个技术动作用来发展体能的技术锻炼动作设计时，必须要有其科学性。动作的科学性主要表现在动作的持续时间、练习动作频率的长短和快慢、技术训练动作的规范等几个方面。如进行利用引体向上的方法发展运动员上肢的肌肉功能和力量的技术练习时，需要具有科学性的技术训练设计。

（3）单个技术的动作用来发展技术体能的动作和锻炼技术训练设计时，必须要有其实用性。要根据所处的环境与锻炼运动的场地以及器材的使用条件，合理的组织、设计、制订、发展自身体能的计划和锻炼教育训练计划，这样才能有效地进行锻炼计划的组织、实施和操作。如没有杠铃和哑铃的俯卧撑是完全可以的考虑采用自身的重量俯卧撑的方式来稳定和发展身体上肢的力量。

（二）注重组合动作技能的设计

制订和发展体能的锻炼教育训练计划不能顾此失彼，在一定程度上要充分考虑整个身体发展的功能全面性，因此为了更好地实现整个身体的发展和锻炼运动效果的达到最大化，教师也可以考虑采用传统的组合动作技能的组织设计和训练方式，将多个不同组合动作的技能按照一定运动目的和其体能发展逻辑关系进行组合。

（1）组合技能的速度设计主要是适合于某一体能速度高素质的身体运动强化。如要进一步强化适合于发展体能速度的某一体能素质练习，可由前蹬小步加速跑+后蹬跑加速跑组合而成。

（2）组合技能的设计需要严格遵循作技能与身体的运动逻辑关系。在自我发展技能控制的时间和环境下，形成与各种动作技能（如篮球上手投掷、下手投掷、滚动等）相适应的自我开放技能控制空间和自我发展控制空间，判断动作技能的位置（前与后、上与下、左与右）、距离（远与近）、方向（顺时针与逆时针）等。在自我动作技能控制的环境下，形成与各种自我发展动作控制技能相适应的动作速度（快与慢）、力度（用力的大与小）、进度（加速与保持）等。

（3）组合技能的设计需要着重充分考虑组合技能练习的重复和间歇的时间。在适合发展某一体能的速度进行组合技能的设计时，可以考虑应用包括重复、间歇、连续、变换、巡回等五种组合体能锻炼的方法进行组合技能控制，用来帮助维持合理的身体运动强度。

（三）巡回锻炼练习的方法设计

利用巡回练习和锻炼的方法主要进行的是发展学生体能的练习，面对不同的体质健康发展水平的初中学生，为了更好地做到互相区别合理地对待，需按照每个初中学生的身体功能锻炼的范围和程度分别设计相应的运动负荷。这就很好地形成了在每次巡回练习和锻炼的方法设计过程中，每名学生所需要进行的动作技能练习不是相同的，只是在统一的练习时间、地点和范围内完成相同量的动作技能练习。

（1）动作技能巡回锻炼练习的内容动作技能要由连续多次进行的动作和技能练习组成。由于学生利用巡回练习和锻炼的方法要连续地进行多个初中运动练习项目相同内容的动作技能练习，对于一般的初中学生来说，要成功进行一次巡回练习和锻炼，必须要求学生掌握至少 3 种以上的基本动作和技能。如第 1 站（50 米快速跳跃跑）、第 2 站（窄距俯卧撑 10 次）、第 3 站（窄距立定跳远 10 次）、第 4 站（1000 米跑）是巡回锻炼练习项目内容。

（2）采用多种巡回体能锻炼练习的方法，还需要与其他发展体能锻炼的方法进行协调配合。学生在采用多种巡回练习锻炼方法进行发展速度和体育的巡回练习运动过程中，需要按一定的运动量和负荷调节指标连续重复地进行和完成各种对身体的练习，但有些巡回练习方法需要与其他重复锻炼、间歇重复锻炼、连续重复锻炼、变换训练等锻炼方法进行协调配合。

（3）采用多种巡回体育练习的负荷调节要用多种发展体能锻炼的方法对负荷进行调节。在用多种巡回练习或锻炼的方法进行锻炼学生发展速度和体能的练习时，对参加运动量或训练的学生人数有较高的发展体能要求。如学生发展体能要求具有一定的发展体育知识基础技能和丰富的经验来正确控制自己的速度和运动量；在发展体能的锻炼中，需要通过间歇、变换、连续等方法来调节自己的运动量。

参考文献

[1] 王瑞元，苏全生．运动生理学［M］．北京：人民体育出版社，2011.

[2] 全国体育院校教材委员会．运动训练学［M］．北京：人民出版社，2000.

[3] 姚维国．体育游戏［M］．北京：人民出版社，2012.

[4] 行亚平．浅谈体育教学中的速度素质练习［J］．体育教育与研究，2014，28（4）115-116.

[5] 李红明．反应速度素质干预练习对青少年短跑运动员起跑反应效果的研究［D］．天津：天津体育学院，2015.

[6] 胡晓彦．体育与健康教程［M］．北京：北京体育大学出版社，2007：1-7.

[7] 耿培新．体育与健康（七年级全一册)［M］．北京：人民教育出版社，2012：1-3.

[8] 吕建伟．高职高专规划教材体育与健康［M］．北京：机械工业出版社，2004：1-5.

[10] 季浏．体育与健康（必修全一册)［M］．上海：华东师范大学出版社，2019：159-172.

[11] 刘翠格．营养与健康［M］．北京：化学工业出版社，2006：9-10.

[12] 邓树勋，季克异．九年义务教育三年初级中学教科书体育与健康教师用书［M］．北京：高等教育出版社，2001：11-17.

[13] 王卫星，韩春远．实用体能训练指南［M］．广州：汕头大学出版社，2017：385-399.

[14] 季浏．体育与健康（必修全一册)［M］．上海：华东师范大学出版社，2019：10-11.

[15] 赵焕彬，李建设．运动生物力学（第三版）［M］．北京：高等教育出版社，2008：31-54.

[16] 孙南，熊西北，张英波．现代田径训练高级教程［M］．北京：北京体育大学出版社，2010：21-27.

[17] James Radcliffe，Robert C. Farentinos. 高强度爆发式快速伸缩复合训练（2版）［M］．陈洋，等，译．北京：人民邮电出版社，2018：63-148.

［18］李艳群，吴键．体育与健康（七年级全一册）［M］．河北教育出版社，2012.

［19］李艳群，吴键．体育与健康（八年级全一册）［M］．河北教育出版社，2012.

［20］李艳群，吴键．体育与健康（九年级全一册）［M］．河北教育出版社，2012.

［21］李艳群，吴键．普通高中体育与健康［M］．河北教育出版社，2019.

［22］徐本力．运动训练系［M］．山东教育出版社，1990.

［23］陈蒙．不同组合拉伸方式对股后肌群柔韧素质影响效应的实验比较研究［D］．天津：天津体育学院，2016.

［24］赵雪峰．PNF 拉伸法在花球舞蹈啦啦操柔韧素质训练中的运用研究．［J］．中国学校体育（高等教育）．2016，3（12）67-71.

［25］邓敏韬．PNF 拉伸法对游泳专项学生肩关节柔韧性及肌肉力量训练效果的实验研究．［D］．天津：天津体育学院，2013.

［26］田文．三种柔韧拉伸方法对改善标枪运动员肩关节、髋关节柔韧性的比较［D］．北京：北京体育大学，2010.

［27］李国江，王莉莉．PNF 拉伸法在啦啦操柔韧性方面的应用研究［J］．当代体育科技．，2015，5（24）56-57.

图书在版编目（CIP）数据

中学生体能课堂教学训练/黄敏编著．—合肥：合肥工业大学出版社，2021.6
ISBN 978－7－5650－5347－4

Ⅰ．①中…　Ⅱ．①黄…　Ⅲ．①中学生—体能—身体训练—课堂教学—教学研究
Ⅳ．①G633.96

中国版本图书馆 CIP 数据核字（2021）第 100017 号

中学生体能课堂教学训练

黄　敏　编著　　　　责任编辑　许璘琳　毛　羽

出　版	合肥工业大学出版社	版　次	2021 年 6 月第 1 版
地　址	合肥市屯溪路 193 号	印　次	2021 年 6 月第 1 次印刷
邮　编	230009	开　本	787 毫米×1092 毫米　1/16
电　话	编　辑　部：0551－62903120	印　张	8.5
	市场营销部：0551－62903198	字　数	171 千字
网　址	www.hfutpress.com.cn	印　刷	安徽昶颉包装印务有限责任公司
E-mail	hfutpress@163.com	发　行	全国新华书店

ISBN 978－7－5650－5347－4　　　　定价：36.00 元